MENTALIDADE da
BOA
SORTE

ÁLEX ROVIRA

TRADUÇÃO DE CAROL AQUINO

MENTALIDADE da
BOA
SORTE

30 Lições para desbloquear a prosperidade

COPYRIGHT © FARO EDITORIAL, 2024
© ÁLEX ROVIRA CELMA, 2023
WWW.ALEXROVIRA.COM

Todos os direitos reservados.
Nenhuma parte deste livro pode ser reproduzida sob quaisquer meios existentes sem autorização por escrito do editor.

Diretor editorial **PEDRO ALMEIDA**
Coordenação editorial **CARLA SACRATO**
Assistente editorial **LETÍCIA CANEVER**
Tradução **CAROL AQUINO**
Preparação **NATHÁLIA RONDAN**
Revisão **BARBARA PARENTE**
Imagens de capa e miolo **@KatMoy, @Zolotons, @KhWutthiphong | ©ADOBESTOCK**
Capa e diagramação **VANESSA S. MARINE**

Dados Internacionais de Catalogação na Publicação (CIP)
Jéssica de Oliveira Molinari CRB-8/9852

Rovira, Álex
  Mentalidade da boa sorte : 30 Lições para desbloquear a prosperidade / Álex Rovira ; tradução de Carol Aquino. -- São Paulo : Faro Editorial, 2024.
  224 p. : il.

Bibliografia
ISBN 978-65-5957-569-5
Título original: Tu mentalidade buena suerte: Claves de la prosperidad em 30 lecciones

1. Autoajuda 2. Prosperidade 3. Sorte I. Título II. Aquino, Carol
24-1312   CDD 158.1

Índices para catálogo sistemático:
1. Autoajuda

1ª edição brasileira: 2024
Direitos de edição em língua portuguesa, para o Brasil, adquiridos por FARO EDITORIAL
Avenida Andrômeda, 885 - Sala 310
Alphaville — Barueri — SP — Brasil
CEP: 06473-000
www.faroeditorial.com.br

Para Pili Rey Pérez, minha Boa Sorte.
E para o meu querido pai,
Gabriel Rovira Ibáñez,
in memoriam.

Ao ter este livro em mãos, você terá acesso à formação *on-line* gratuita na Escola Humanista de Álex Rovira.

Este livro não é apenas um livro. Cada capítulo vai acompanhado de uma série de recursos *on-line* com trinta lições adicionais[1] que incluem vídeos, áudios, exercícios, meditações, mantras e inclusive um teste para avaliar como você incorporou *Mentalidade da Boa Sorte* ao terminar a leitura do livro.

Há uma grande diferença entre apenas ler o livro e praticá-lo enquanto você complementa cada capítulo com o conteúdo digital adicional que encontrará dentro dele.

Para ter acesso a todos esses recursos adicionais e gratuitos para que possa começar a leitura com todo o conteúdo disponível, escaneie o código QR ou acesse o site:

mentalidadebuenasuerte.com/recursos.

---

[1] O material disponibilizado *on-line* é de responsabilidade do autor e está disponível no idioma original da obra.

SUMÁRIO

INTRODUÇÃO: O *SOFTWARE* DO SEU DESTINO   **13**

PRIMEIRA PARTE

Primeira folha do seu trevo da Boa Sorte

SUAS CRENÇAS: VOCÊ É AQUILO QUE ACREDITA

1. Do impossível ao possível   **21**
2. Não há dor maior que a dos sonhos não realizados   **28**
3. Saber e não fazer é o mesmo que não saber   **34**
4. Olhe com apreço   **39**
5. Oportunidade está relacionada a ser oportuno   **46**
6. A resignação é um suicídio cotidiano   **54**
7. A chave para uma vida plena: a longanimidade   **59**
8. Isso também passará   **67**
9. A pergunta mais importante: o que eu tenho que aceitar?   **72**
10. Se quer que os outros acreditem em você, seja o primeiro a fazê-lo   **77**

SEGUNDA PARTE

Segunda folha do seu trevo da Boa Sorte

SEUS HÁBITOS E VALORES: O QUE VOCÊ FAZ AGORA SERÁ SEU DESTINO

11. Os princípios de Jefferson   **85**
12. Sonhar com novas possibilidades   **90**
13. O melhor está por vir! (mas, por precaução, vá em frente)   **98**
14. "Levei dez anos para fazer sucesso da noite para o dia" (Woody Allen)   **103**
15. Aplique a regra DSC   **107**
16. A mentira e o erro   **112**
17. A inveja é admiração disfarçada de frustração   **116**
18. Pessoas comuns realizam coisas extraordinárias   **121**
19. Se você quer uma mão que te ajude, a encontrará no final do seu braço   **128**
20. A sabedoria do estoicismo   **132**

TERCEIRA PARTE

Terceira folha do seu trevo da Boa Sorte

SUA IDENTIDADE: VOCÊ É A MENINA OU O MENINO DO SEU FUTURO

21. Não se afaste das pessoas negativas... Fuja delas na velocidade da luz! **141**
22. O princípio de Maya Angelou **146**
23. O preconceito debilita, a coragem fortalece **151**
24. Ninguém sabe da sua vida melhor do que você **156**
25. Destranque as fechaduras da sua liberdade vital **161**
26. O método kaizen **166**
27. Você pode aprender tanto com seus erros que quando tropeçar, em vez de cair, você irá voar **171**
28. Você é a causa da sua Boa Sorte **177**
29. Comece a criar suas circunstâncias agora mesmo **182**
30. Você é a menina ou o menino do seu futuro **188**

QUARTA PARTE

Quarta folha do seu trevo da Boa Sorte

SEM DESCULPAS: A QUARTA FOLHA É VOCÊ QUEM COLOCA A CADA INSTANTE

31. Resumo do livro **197**
32. Mais um presente e SIGAMOS em frente! **219**

AGRADECIMENTOS **221**

"Sorte é o que acontece quando
a preparação encontra
a oportunidade."
— SÊNECA

INTRODUÇÃO

O *SOFTWARE* DO SEU DESTINO

Os grandes sábios da chamada Era Axial – quando a consciência despertou no Oriente e no Ocidente há mais de dois milênios – já sabiam que a mente cria o mundo em que vivemos.

Mesmo compartilhando circunstâncias idênticas, duas pessoas podem habitar em universos totalmente diferentes segundo sua forma de encarar a vida.

Como dizem os mestres do budismo, enxergamos a realidade segundo aquilo que somos. As coisas são como nós as interpretamos. Para uns ir para uma balada pode ser incrível, para outros, uma tortura. O que para uns é fracasso, para outros é uma oportunidade de aprendizado. O que para alguns é impossível, para outros é uma tarefa extremamente fácil feita com muita perseverança.

O seu olhar cria o mundo. E a sua mentalidade cria o seu olhar.

Portanto, se você não gosta da sua vida aqui e agora, o mais inteligente a se fazer seria transformar sua perspectiva em relação a isso. Como dizia Marcel Proust em uma das minhas frases favoritas: "Embora nada mude, se eu mudar, tudo muda".

Tendo isso em mente, as trinta lições deste livro giram em torno de um princípio fundamental: *a qualidade da sua vida depende da qualidade da sua mentalidade.* E você pode criar a sua Mentalidade da Boa Sorte se incorporar e aplicar as seguintes reflexões em sua vida como milhares de alunos da minha Escola Humanista fizeram, pessoas que tive e tenho o privilégio de acompanhar na transformação de sua vida pessoal e profissional.

A maneira como você enxerga o mundo, o interpreta e descreve – o que você conta e como você conta? – condiciona seus processos e seus resultados na vida. Em outras palavras, estou convencido de que *você é aquilo que acredita.*

Ao longo da vida, você vai encontrar dois tipos de pessoas:

1. *Vítimas das circunstâncias.* São espectadores passivos da vida que se deixam levar pelos acontecimentos. Vivem seu destino como o resultado de uma inércia condicionada pelo acaso. Culpam o mundo, apontam o dedo para os demais ou reclamam de sua desgraça, enquanto esperam que um golpe de sorte os favoreça. São passivos e estão resignados, porque acreditam que seu destino depende de fatores externos. Esperam que a sorte, o acaso, transforme suas vidas. Apostam toda semana na esperança de ganhar na loteria e assim poder alcançar aquilo que desejam.

2. *Criadores de circunstâncias.* Geram sua própria boa sorte, pois sabem que seu destino é traçado dia a dia através de suas atitudes, valores, habilidades e hábitos que vão construindo a partir da sua mentalidade. São proativos e empoderados, pois estão conscientes de que carregam dentro de si o poder de criar o seu futuro. Não esperam que o acaso decida por eles; são os protagonistas da própria história, aprendem com os erros, são humildes, perseverantes, ativos, generosos e apaixonados pelo que fazem.

Se quer fazer parte do segundo grupo, este livro é para você. E certamente se identificará com as seguintes características:

1. Você toma suas decisões do dia a dia baseadas na causa e não no efeito.

2. Você assume a responsabilidade de sua vida, em vez de assumir o papel de vítima.

3. Você é o protagonista proativo e não agente passivo do que lhe acontece.

4. Você decide responder de maneira consciente em vez de reagir cegamente.

5. Sua coragem é maior que seu medo. Você se arrisca a crescer e aprender constantemente.

6. Você prefere cooperar a competir e destruir. Sabe que na verdade está competindo é com você mesmo.

7. Você está interessado em somar, não em subtrair, em tudo aquilo que faz.

8. Você vive a vida como uma oportunidade de aprendizado e crescimento constante, mais que um desafio difícil e tedioso ao qual deve ser enfrentado cotidianamente.

9. Você escolhe se construir a partir de suas atitudes e valores que, através de hábitos, se tornam suas virtudes pessoais.

Quanto a essa última questão, quero salientar que a Boa Sorte de verdade, aquela que você acredita e constrói a cada instante, é o resultado de suas virtudes em ação, mas tudo isso começa com sua mentalidade, e sua mentalidade é um conjunto de crenças.

* Você está consciente das crenças que governam sua vida?

* Quais o ajudam a avançar e quais são um empecilho ou o sabotam?

* Ao longo deste livro trabalharemos nestas crenças e hábitos, já que definem quem somos, o que podemos criar e, definitivamente, o mundo em que vivemos.

Suas crenças giram ao redor destes três eixos:

1. Suas crenças a respeito de si mesmo.
2. Suas crenças a respeito dos demais.
3. Suas crenças em relação à vida.

Já parou para pensar sobre esses três eixos que constroem sua identidade e seu destino? Este é um exercício que todos deveríamos fazer de vez em quando, já que seu impacto em nossa vida é decisivo.

Há pessoas que acreditam que não conseguem, que os demais sempre passarão por cima delas e que a vida é difícil.

Porém, há pessoas que acreditam que podem aprender e melhorar de maneira ilimitada, que encontram nos demais a qualidade humana necessária para realizar projetos nos quais a colaboração, a sinergia e os bons resultados prevalecem.

Para este segundo grupo, o das pessoas que possuem a Mentalidade da Boa Sorte (MBS), a vida é um lugar de realizações cheio de possibilidades, o exato oposto daquelas que têm uma mentalidade de escassez, vitimização, apatia, inveja, vaidade, resignação ou abandono.

Para dizer da forma mais clara possível: sua vida é e será sua mentalidade e, nas páginas seguintes, você terá a oportunidade de construir e criar sua MBS, assimilando pequenas lições de profunda sabedoria que, uma vez incorporada à sua alma, ao seu ser, farão de você uma pessoa distinta.

Porque, afinal, sua mentalidade não deixa de ser o *software* que rege sua vida e que te leva a interpretar e a definir as expectativas do que você acredita que merece e o que pode ou não conquistar.

Viajaremos por trinta lições agrupadas em quatro partes. No início de cada uma, verá um desenho de um trevo que irá ganhando uma folha em cada um dos seguintes blocos até completar um trevo de três folhas. A quarta parte do livro é um resumo de todos os aspectos-chave de sua Mentalidade da Boa Sorte, e, além disso, terá uma surpresa, já que a quarta folha do trevo será colocada por você. Será o meu convite e uma oportunidade para que o faça.

Seja bem-vindo à maior das aventuras: criar sua vida tal como você quer que ela seja.

— ÁLEX ROVIRA CELMA

Ao longo dos próximos dez capítulos ou lições, você se aprofundará nas chaves da Mentalidade da Boa Sorte a partir da criação de seu pensamento, crenças e atitudes.

Você verá como funciona o software *que lhe permitirá se transformar de dentro para fora.*

Porque você é aquilo que acredita.

PRIMEIRA PARTE

Primeira folha do seu trevo da Boa Sorte

SUAS CRENÇAS: VOCÊ É AQUILO QUE ACREDITA

1. DO IMPOSSÍVEL AO POSSÍVEL

Sem dúvida, viver é a aventura mais fascinante. A nossa frente há uma infinidade de escolhas e em nosso caminho sempre encontramos desafios e mudanças.

Nada está escrito nem decidido porque, como dizia o poeta Machado, "fazemos o caminho enquanto caminhamos". Porém, às vezes nos conformamos com caminhos que não são os nossos, inclusive com becos sem saída, renunciamos a nossos sonhos porque *confundimos o possível com o provável e acreditamos que o pouco provável é impossível.*

Não é um jogo de palavras. O que realmente acontece é que muitas vezes desistimos de alguns objetivos porque não acreditamos que possam ser realizados.

Etimologia do possível e provável

Primeiramente, talvez seja conveniente esclarecermos cada termo. J.M. Albaigès define em seu Dicionário que *possível* é "tudo aquilo que pode acontecer", enquanto, *provável* se define como "aquilo que poderá acontecer, com grande possibilidade".

Em resumo, a palavra *provável* por si só se refere à gradação, ou, o que dá no mesmo, que algo aconteça em maior ou menor escala. Por sua vez, quando falamos do *possível* e do *impossível*, nos referimos a um sim ou a um não, é preto no branco, sem intermediários.

Assim, por exemplo, podemos dizer que é provável ou não que neve, pois depende de vários fatores; pelo contrário, afirmar que é possível que neve supõe que vivemos em um clima suficientemente frio para que este fenômeno ocorra, algo impossível, por sua vez, em um clima tropical.

Se você levar esse pensamento para a sua vida, vai perceber que o que está por vir e ainda é considerado desconhecido entra no *campo do possível e provável*. Portanto, *se você deixar de lado de uma vez por todas a ideia de que é difícil alcançar uma meta, ela não será considerada impossível.*

Por experiência própria, eu posso lhe dar um exemplo: parecia impossível que o livro *A Boa Sorte*, que escrevi junto com meu amigo Fernando Trías de Bes, fosse traduzido para mais de quarenta idiomas e vendesse mais de três milhões de exemplares em apenas um ano, mas enquanto o escrevíamos tínhamos a certeza de que o livro poderia tocar a alma de milhares de pessoas, e eu me lembro que anotei em um grande cartaz no meu escritório a frase "1 milhão de exemplares vendidos em 3 meses". Acredite ou não, foi o que aconteceu. Mas para que esse sonho se tornasse realidade cuidamos dos mínimos detalhes daquele que se tornou o livro de cabeceira de muitos leitores do mundo inteiro.

Com isso, quero dizer que você não precisa ver para crer, eu diria que primeiro você *deve crer e aí sim, ver*. Aquilo que você crê está em sua mente. Se sua mente acredita que é possível, então você fará o possível para que seu desejo se torne realidade com tudo que estiver ao seu alcance.

Vou dar outro exemplo. Aconteceu na história do atletismo, conhecido como "barreira dos 10 segundos". Ninguém acreditava que era possível correr os 100 metros em menos de 10 segundos, até que em 1968 Jim Hines conseguiu fazer isso em 9,95 segundos.

Porém, assim que a marca foi alcançada pela primeira vez, ao saber que era *possível*, não passou nem uma década para que outro corredor conseguisse, Silvio Leonard. Desde então, muitos bons atletas conseguiram fazer em menos de 10 segundos. E não apenas porque é possível, mas porque para um atleta de elite que treine o suficiente passou a ser *provável*.

Percebe o poder que as palavras e os rótulos têm para aquilo que você se propõe? Vê como é importante a maneira que você fala consigo mesmo em sua própria mente? Você tem noção de que a sua mentalidade é formada por uma série de relatos e quer acredite que é capaz ou não, estará no caminho certo, por que aquilo que você acredita é o que você tende a seguir?

O escritor Mark Twain, criador de Tom Sawyer e Huckleberry Finn, resume isso de uma maneira excelente em uma frase: "Não sabiam que era impossível, então, eles a fizeram". Se aceitar que sua vida é um livro em branco no qual a cada dia é possível escrever suas páginas, as páginas de sua história e do seu destino... o que está esperando para viver sua vida sem os obstáculos do impossível?

Por que quantas vezes você se tornou a mestra ou o mestre da limitação de sua própria vida? Sem percebermos vamos assumindo como realidade nossos próprios "nãos" internos: "não posso", "não mereço", "não vou conseguir", "não consigo me superar nem superar tal pessoa", "não consigo ser", ... e tantas outras obrigações que impomos a nós mesmos por inércia, autolimitando-nos. Tendo isso em mente, reproduzo aqui as palavras do professor de canto Tom Krause: "Se fizermos apenas o que sabemos que podemos fazer, nos limitamos". Esses limites, que frequentemente podem parecer confortáveis, não deixam de ser uma espécie de paz barata, de inércia, de lar abandonado da nossa própria alma. A vida pode ser luz, ação, sonhos que se tornam realidade, mas tudo isso pode morrer por suas crenças limitantes, que são as que aniquilam sua Mentalidade da Boa Sorte.

Reescreva o roteiro de sua vida

Nada é impossível se você cria novas circunstâncias a partir da ação responsável, humildade e aprendizado contínuo.

Os kahunas havaianos, portadores de uma sabedoria ancestral, falam da *responsabilidade em 100%*. Quando você se torna responsável por tudo que te acontece, o poder está com você porque você pode aprender com tudo e pode melhorar constantemente.

A vontade de aprender e nos superarmos agora e sempre é um atributo da humildade que diferencia as grandes almas.

A partir da responsabilidade e do aprendizado que vai adquirindo ao longo do caminho, você pode reescrever o roteiro de sua vida. Este conceito, proposto pelo doutor Eric Berne em sua teoria psicológica da Análise Transacional, se refere ao fato de que, muitas vezes sem percebermos, seguimos padrões e crenças que nos foram passados desde a infância. E os seguimos sem questioná-los, aceitando aquilo que nossos pais nos disseram com a melhor das intenções, mas ao mesmo tempo perpetuando as crenças limitantes que eles receberam de seus próprios pais, ou seja, nossos avós, e assim sucessivamente.

Se pensar com uma certa perspectiva, perceberá que as limitações inconscientes com as quais muitas pessoas vivem são herdadas de seus ancestrais. Limitações que, transformadas em pensamentos dolorosos ou ideias limitantes, fazem com que o céu pareça estar à altura de dois palmos de distância do chão, o que faz com que muitas pessoas nem sequer – metaforicamente falando – considerem a possibilidade de andar de forma ereta. Por esse motivo, vivem atadas a um padrão de mentalidade e de comportamento que provém de sua constelação familiar.

Estas ideias herdadas te condicionam na hora de se amar (autoestima), de se gostar (autoimagem), de se valorizar (autoconceito), de melhorar a si mesmo (automelhoria), de crescer (autoeficácia), de se relacionar e de projetar sua vida em um futuro melhor para você e para aqueles ao seu redor. É necessário coragem e paciência para desmascarar esses padrões e reivindicar-se como autor e protagonista de sua vida.

Uma ponte além do impossível

Voltando ao tema deste capítulo, o médico e escritor Deepak Chopra afirmava esta bela frase: "Você precisa encontrar o lugar dentro de você onde nada é impossível". Quando a li pela primeira vez, senti que este lema de vida sempre tinha me acompanhado. Senti a frase como se fosse um reflexo de minha vontade de crescer constantemente e de divulgar e compartilhar com o mundo exatamente isto: há algo em você, em sua criatividade, em seu talento, em sua forma de ser, em seu humor, seu olhar, sua maneira de expressar carinho, sua forma de pensar, inteligência, em qualquer dimensão de sua maravilhosa singularidade que faz com que você seja alguém capaz de criar algo que ninguém mais possa criar. Ninguém tem a mesma assinatura que você, nem suas impressões digitais, nem o seu sorriso. Nem tantas outras coisas que, separadas ou juntas, fazem de você um ser original e único. E é aí onde reside a origem de toda a sua criação, única, própria, sem igual.

Para chegar a esse lugar mágico, esta ponte do impossível ao possível é chamada de *desafio*. Cada vez que você introduz um novo desafio à sua vida, você constrói uma ponte entre a sua singularidade e o seu poder oculto. E nessa conexão reside sua expressão divina, única: a foto que ninguém mais irá tirar, o desenho que só você irá criar, o negócio que terá a marca da sua paixão e do seu talento, a canção que ninguém interpretará como você.

O intuito é que você ouse criar esta ponte: a que une a pessoa que você é com a pessoa que pode chegar a ser se você se propor e ativar sua MBS. Às vezes, essa ponte é criada por necessidade, outras vezes, por vocação, e outras, da maneira mais inesperada, como a história que vou lhe contar.

É a história do matemático norte-americano George Dantzig. Ele era estudante na Universidade de Berkeley e um dia chegou tarde à aula de Estatística. Seu professor havia escrito na lousa dois problemas que George acreditou serem tarefas de casa.

Dias depois, após ter considerado os exercícios "um pouco mais difíceis do que o normal", ele entregou o trabalho com atraso. E para a sua surpresa, seu professor, atônito e emocionado, lhe disse que ele havia resolvido dois famosos problemas matemáticos até então sem solução, e que sua proposta seria publicada em uma renomada revista científica.

Ao ser questionado por esta experiência, Dantzig declarou: "Se soubesse que não eram tarefas de casa e sim dois famosos problemas de estatística sem solução, provavelmente nunca teria pensado de maneira positiva, teria desanimado e nunca os teria resolvido".

Percebe até que ponto tudo é uma questão de crença? *Crer é confiar, é amar o que você faz e é criar.*

O explorador, cientista e diplomata Fridtjof Nansen resume de maneira assertiva: "O difícil é o que leva um pouco de tempo. O impossível é o que demora um pouco mais".

Basicamente, para criar sua Mentalidade da Boa Sorte é necessário:

1. Passar do impossível ao possível criando novas circunstâncias.

2. Ao alcançar o possível, você pode aumentar a probabilidade de conquista ou realização através da responsabilidade por cada ato em sua vida, a humildade fértil que evita a cegueira da vaidade, o aprendizado constante que te leva a crescer sem parar e a ação, já que esta última é a verdadeira linguagem da realidade se realmente quer se transformar e transformar o mundo.

EXERCÍCIO PRÁTICO

Qual é a sua barreira
dos 10 segundos?

1. Determine algo importante que nesse momento você se considera incapaz de fazer.

2. Você conhece ou sabe de alguém que conseguiu fazer isso?

3. Em caso afirmativo, pergunte-se o que esta pessoa faz que você ainda não está fazendo e escreva o que você observa que essa pessoa faz que você ainda não está fazendo, mas que pode começar a fazer.

4. Siga seu exemplo e faça seu diário de melhorias cotidianas e de novos hábitos que você pode incorporar.

5. Lembre-se da frase do sábio imperador romano Marco Aurélio, que, em uma de suas meditações, escreveu: "Se algo está dentro da capacidade do homem, acredite: também está dentro de suas possibilidades".

2. NÃO HÁ DOR MAIOR QUE A DOS SONHOS NÃO REALIZADOS

Em uma de suas frases mais sensatas, Carl Gustav Jung disse: "A vida não vivida é uma doença que pode levar à morte", e certamente é verdade. Muitas pessoas se arrependem muito mais por tudo aquilo que não fizeram quando desejavam profundamente ter feito do que aquilo que fizeram e o resultado não foi como esperavam. Também é muito triste, mas é verdadeiro, que há pessoas que perdem a vontade de viver e se entregam pela culpa e pelo arrependimento de não terem dito ou feito algo que, com o passar do tempo, consideraram crucial. Por exemplo, algo tão simples como dizer "te amo" a um filho ou a alguém muito amado, ou ter sido avarento em vez de generoso, ou não ter se arriscado e tomado a decisão que realmente desejava, impedido pelo medo que sentiu.

O que acontece quando o verbo que predomina sua vida, o seu destino, é *esperar* em vez de *começar*? A sabedoria popular nos lembra de que "quem espera, se desespera", já que não há nada mais frustrante que não depender das próprias ações.

Como um preso que aguarda a obstinada clemência de um tribunal, atar-se à espera é ver passar nosso bem mais precioso: a própria vida.

Então, por que há tanta gente que espera e tão pouca que começa a viver sua própria vida?

Logo de cara penso em dois motivos:

1. Desconhecimento do poder que está dentro de si mesmo.
2. Medo de que as coisas não deem certo, de não estarmos à altura ou do que os outros dirão se fizermos o que realmente queremos fazer.

Em relação a este segundo motivo, o filósofo espanhol José Ortega y Gasset dizia: "Só é possível avançar quando se olha longe. Só é possível progredir quando se pensa grande". Eu convido você, a partir da minha própria experiência e aprendizado, e a partir das milhares de pessoas as quais tenho o privilégio de acompanhar em seu processo de realização, a abraçar os riscos necessários, experimentar, se atrever a se equivocar e a retificar, a aprender... Em resumo, a fluir plenamente com a vida. *Porque a vida é um jogo: jogue!*

E tenha em mente que a coragem não é a ausência de medo. Ao contrário, a pessoa corajosa tem medo, mas sente que vale a pena se arriscar. Sim. *Vale a pena*. Você leu bem a frase anterior? Vale a pena, sim, vale o esforço, o sofrimento à mudança, agrega valor, tem valor. *Vale a pena*. A coragem te leva à ação porque você sente claramente que aquilo que deseja criar, mudar, melhorar ou construir faz sentido apesar do esforço necessário para realizá-lo. E repito, se faz sentido é porque VALE a pena. Quando você tem coragem de se arriscar é porque vale a pena lutar por aquilo que deseja alcançar.

Inspirações daqueles que se foram

É o que sugere a doutora Elisabeth Kübler-Ross em seu maravilhoso livro *Os Segredos da Vida*. Ela nos diz que *quando superamos o medo tudo se torna possível e inclusive provável*. Porque, de qualquer forma, o medo vai nos salvar da morte, o único destino certeiro? De jeito nenhum. O que nos detém não é o medo da morte, não. É o medo da vida.

Seus temores não evitarão a morte, mas te impedirão de viver, roubarão sua energia para que você se realize e seja aquilo que pode chegar a ser com plenitude. Cito novamente o imperador e filósofo Marco Aurélio: "Não é a morte que um homem deve temer, e sim nunca ter começado a viver".

Em relação a este assunto, o trabalho de Kübler-Ross é bastante revelador, afinal, ela dedicou sua carreira a acompanhar doentes terminais. Os ensinamentos que recebeu dessas pessoas no ocaso de suas vidas respondem a uma questão a qual todos concordaram ao fazer um balanço de sua vida.

Quando ela lhes perguntava "O que você faria se vivesse *mais uma vez?*", a resposta mais comum que seus pacientes moribundos lhe dava era: "Eu teria me arriscado mais".

A maioria dessas pessoas que já via o fim de sua vida se aproximando referia-se à sua vida como uma grande oportunidade perdida. Queriam ter se arriscado mais para que pudessem aprender, crescer, compartilhar e amar. A mesma autora, em outro livro extremamente inspirador titulado *A morte: um amanhecer,* dizia que, em resumo, os pacientes que afirmavam que deveriam ter se arriscado mais o resumiam desta forma:

> Porque aquilo que quis fazer e não fiz por medo, ou aquilo que quis dizer e não disse por pudor ou temor; ou aquele gesto de afeto que reprimi por um excessivo senso de ridículo considero uma bobagem absoluta ante o fato de morrer. A morte é algo que não decido, a vida me empurra a isso e agora, frente a ela, percebo que todas essas circunstâncias que pareciam um desafio terrível são algo pequeno comparado ao fato de que estou morrendo e não tem volta.

Os cinco "queria"

Agora convido você a ir mais além: outra especialista em gestão emocional de pessoas em seus últimos momentos de vida, a enfermeira australiana Bronnie Ware, resume em seu livro *Antes de partir: os 5 principais arrependimentos que as pessoas têm antes de morrer*, as inquietudes e os sentimentos de seus pacientes. Com esta leitura você também pode aprender muitas lições sobre a arte de viver, o que pode parecer paradoxo vindo daqueles que estão se despedindo.

Essa enfermeira ouviu os *"querias"*, a tristeza dos sonhos não realizados dos pacientes em seus últimos momentos de vida. A maioria das lamentações assemelhava-se a estas cinco:

1. **"Queria ter tido coragem de viver a vida que eu queria e não a que os demais esperavam de mim."** Ao olhar para trás e ver que não tinham realizado seus objetivos e expectativas, as pessoas se dão conta de que a responsabilidade de não os ter levado adiante é delas mesmas. Desejariam ter seguido suas prioridades, em vez de cumprirem as expectativas dos demais.

2. **"Queria não ter trabalhado tanto."** Em sua grande maioria foram os homens os que lamentaram não ter dedicado tempo à sua companheira ou aos filhos quando eram pequenos. Esse arrependimento nos leva a refletir se estamos ganhando ou perdendo a vida.

3. **"Queria ter tido coragem de expressar meus sentimentos."** Guardar as emoções por timidez ou por medo da reação dos demais limita a profundidade de nossa vida. Algumas pessoas podem se chatear se formos honestos, mas expressar o que sentimos contribuirá para que a relação cresça ou, pelo contrário, que termine porque não era saudável. Em ambos os casos, todos saem ganhando.

4. **"Queria ter mantido contato com meus amigos."** As rotinas nos absorvem tanto que muitas vezes deixamos de lado as amizades que nos nutrem, muitas vezes nos desconectamos desses vínculos tão necessários sem percebermos. Até que lamentamos, tarde demais, não termos aproveitado melhor a companhia, não termos dedicado o carinho que tanto

mereciam. No final do caminho, descobriremos que o essencial são as relações; todo o demais fica em segundo plano.

5. **"Desejaria ter me permitido ser mais feliz."** Isso nos remete ao que pode ser a felicidade, tema que discutimos neste capítulo. Que sonhos deixamos de realizar? E quem é o responsável por isso? Novamente, esperar que nos seja concedida a graça de sermos felizes nos faz perceber, no final das contas, que o muro da felicidade é construído com tijolos de pequenas alegrias bem vividas.

Os seis propósitos

E agora daremos mais um passo para nos aprofundar na importância de seguir nossos desejos, a voz do coração que nos convida a ter a coragem como forma de vida.

Se a esses cinco "queria" acrescentarmos a experiência vivida pela doutora Kübler-Ross – "Queria ter me arriscado mais" –, podemos transformar os lamentos em seis propósitos que nos salvarão da dor dos sonhos não realizados. E podemos ativá-los através destas determinações:

1. Decido me arriscar mais, daqui em diante, por aquilo que vale a pena.

2. Decido viver minha própria vida, não a que os outros esperam de mim. Só eu tomarei minhas próprias decisões.

3. Decido trabalhar para viver e não viver para trabalhar.

4. Decido expressar amor e manifestar o que sinto de forma respeitosa, amável e transparente.

5. Decido cuidar de minhas amizades e desfrutar de seu cuidado.

6. Em resumo, decido criar uma vida feliz para mim e para os que estão ao meu redor.

EXERCÍCIO PRÁTICO

Transforme os seus "queria"

1. Imagine que você esteja em seus últimos momentos de vida, apenas com tempo para refletir sobre como foi sua vida.

2. O que você lamentaria não ter feito?

3. Dê a si mesmo a boa notícia: você ainda está com vida e pode fazer isso.

4. Elabore uma lista de objetivos a partir desses "queria".

5. Comece a torná-los realidade a partir deste momento.

3. SABER E NÃO FAZER É O MESMO QUE NÃO SABER

A vida é ação. Intenção sem execução é apenas um sonho que se esvai como fumaça.

Por mais preparo e recurso que você tenha, por mais inteligência que tenha para alcançar aquilo que se propôs, sem a vontade imediata de agir nada acontecerá. Como citei no livro *El mapa del tesoro*[2], coescrito junto ao meu bom amigo Francesc Miralles, *a lei da atração não serve para nada se não for acompanhada da lei da ação*.

Em relação a isso, o escritor alemão Johann Wolfgang von Goethe já dizia que "saber não é suficiente, precisamos utilizá-lo; querer não é suficiente, precisamos agir".

A Mentalidade da Boa Sorte não se limita ao pensamento, é uma mentalidade voltada para a ação. Falar não é suficiente, é necessário agir, porque quando você age, seus atos falam por si. Suas ações são o seu eu verdadeiro, seu eu-experiência.

A sabedoria que não se traduz em fatos equivale ao vazio e à especulação. Em relação a isso, o romancista de origem polonesa Joseph Conrad disse: "Só não comete erros aquele que não faz nada". Quantas vezes o medo de errar é o maior erro que podemos cometer?

---

[2] Tradução adaptada para o português: *O mapa do tesouro*. (N.T.)

A passividade, a falta de ação, pode levar você, como acabamos de ver no capítulo anterior, ao arrependimento, ao desejo do que poderia ter sido e não foi porque não fez por onde e, em consequência, à perda de oportunidades. A vida se constrói a partir das ações e das lições que aprendemos constantemente graças à reflexão. Todos sabemos que *na vida às vezes se ganha e às vezes se aprende.*

O sofrimento produtivo

Fomos ensinados a ver o erro como algo negativo, um sinal de fraqueza e inclusive de estupidez que queremos evitar a qualquer preço. Dessa forma, sofremos por bem ou por mal: ao acertar, porque buscamos a perfeição; ao errar, porque somos esmagados pelo peso da imperfeição.

Aprender a viver envolve sofrimento, porque muitas vezes as coisas não sairão como você esperava, mas se você for capaz de tirar vantagem desse sofrimento, extraindo aprendizados e ensinamentos para sua futura felicidade, você o transformará em um sofrimento produtivo. Só depende de você.

O sofrimento pode ser inútil, ou seja, não aprendemos nada com a experiência da dor, nem do desconforto, ou pode ser a grande alavanca de transformação para sua vida. "A ferida é o lugar por onde a luz entra em você", dizia o grande poeta persa Rumi. E me atrevo a acrescentar com toda certeza: *é através da sua ferida que a sua luz pode sair!* Se em vez de se vitimizar você decidir aprender e colocar sua ferida a serviço dos demais, encontrará o maior tesouro imaginável: a graça na aparente desgraça. É assim que nós humanos batemos nossas asas.

Se você tirar lições positivas dos momentos complicados, transformará a dor em algo útil para sua vida. Esse é o sofrimento produtivo.

Quando a adversidade bate à sua porta, você pode se entregar ou aceitar o desafio de aprender. Assim como conta uma conhecida fábula, a dificuldade é como água fervendo. Você pode amolecer e se despedaçar como uma cenoura; você pode endurecer como um ovo; ou você pode ser como o café, que muda a água com sua essência e sabor.

É assim que as pessoas com MBL agem em relação à sua realidade.

Como diz meu grande amigo Antoni Bolinches, excelente escritor e divulgador: "Não é necessário sofrer para aprender, mas como inevitavelmente sofreremos, é melhor que aprendamos com a dor e dêmos-lhe valor".

Erro e fracasso não são sinônimos

Em seu livro *Ajude-se fazendo a sua parte*, o cardiologista brasileiro Lair Ribeiro compartilha a ideia de que não devemos confundir conhecimento e sabedoria. Ele afirma que o conhecimento nos ajuda a ganhar vida, e a sabedoria, a construí-la.

Dentro do conhecimento que nutre a sabedoria encontramos o erro. Sabemos que o método tentativa e erro permite que a ciência avance, é o caminho que leva à descoberta por excelência. Por isso os erros são essenciais para o aprendizado, são nosso maior tesouro, desde que os assumamos e os corrijamos.

Diante de um erro ou de uma crise...

* Você pode ser vítima e ficar reclamando constantemente, dizendo: "Ai, coitadinho de mim!".

* Você pode responsabilizar o sistema, o mundo ou qualquer elemento externo que acredita que esteja contra você e passar a vida apontando o dedo sem perceber que, se seguir a trajetória inversa, o dedo irá apontar para você mesmo.

* Você pode se esconder no pessimismo, na frustração e no mau humor. Na amargura constante e no cinismo ácido.

Porém, sua MBS te oferece outro caminho: você pode assumir sua responsabilidade perante aquilo que está vivendo, compreender que o erro é sua ferramenta mais poderosa, porque te permite mudar de direção eliminando outras opções que você já sabe que não dão certo. Por este motivo, erro e fracasso não são sinônimos:

1. O erro é o maior tesouro para o aprendizado se você o assume e o corrige. Do erro se aprende constantemente.

2. O fracasso ocorre quando ao cometer um erro há o sentimento de culpa e o indivíduo se entrega à vitimização.

> FRACASSO = ERRO + CULPA

E embora a responsabilidade seja fértil, a culpa não é apenas inútil, inclusive há pessoas que decidem se suicidar arrastadas para o abismo do sofrimento pela culpa. Livre-se da culpa, seja uma pessoa prática, e transforme isso em responsabilidade. Liberte-se das correntes que te prendem à culpa e troque-as pelas asas da responsabilidade.

Resumindo: só fracassa quem não aprende com os erros, quem não faz nada para corrigi-los e mudar o rumo de sua vida. Nos referimos à ação criativa a qual o filósofo hindu Jiddu Krishnamurti cita: "Compreender significa ação imediata. [...] Abandonar a preguiça e passar à ação consciente, isso é viver o presente. Porque a menor ação vale mais que a maior intenção". E é verdade.

EXERCÍCIO PRÁTICO

Do vitimismo à ação

1. Cada vez que algo der errado ou que você estiver passando por uma situação indesejada, faça a si mesmo a seguinte pergunta: quem é o causador do que estou passando?

2. Mesmo que você considere que as circunstâncias são causadas por terceiros, pergunte-se: qual é minha parte da responsabilidade neste assunto?

3. Logo que isso for esclarecido, passamos à ação: o que posso fazer para não passar mais por isso? E o que posso fazer agora para lidar melhor com esta situação?

4. A partir deste momento, aceite que você abandonou o papel de vítima passiva e assumiu o papel de protagonista ativo de sua própria vida.

4. OLHE COM APREÇO

O empresário Henry Ford dizia "se você pensa que pode ou se pensa que não pode, de qualquer forma você está certo", acontece que, em grande parte, a Mentalidade da Boa Sorte depende de como olhamos para nós mesmos e como vemos o mundo.

O seu olhar pode ser depreciativo, neutro ou apreciativo.

Muitas pessoas vão pelo mundo exercendo constantemente um olhar depreciativo. Passam boa parte do dia criticando e julgando os demais, gratuitamente, sabendo muito pouco ou nada daqueles que estão julgando. Talvez por isso o grande psicólogo Carl Gustav Jung tenha escrito este lúcido aforismo: "pensar é difícil, é por isso que a maioria das pessoas prefere apenas julgar".

O olhar apreciativo, pelo contrário, consiste em olhar para si mesmo, para os demais e para a vida em busca daqueles elementos que se destacam, são positivos, somam e unem.

É um exercício extremamente interessante porque, ao praticá-lo, você se torna consciente de que há várias outras situações, experiências, pessoas, paisagens, lugares maravilhosos.

Seu mundo muda porque o seu olhar o transforma a partir do exercício voluntário e consciente de querer ver o belo, o bom e o verdadeiro no mundo, em vez de passar o tempo criticando, sentindo ciúme e procurando defeitos. O olhar apreciativo é exercitado constantemente quando existe vontade de querer ver o que é bom. Está intimamente ligado à gratidão consciente. Por esse motivo, talvez o mais inteligente que nós seres humanos podemos fazer é aproveitar o tempo que nos sobra para adquirir a sabedoria que nos falta através do olhar apreciativo, o aprendizado permanente e a reflexão crítica.

Portanto, para desenvolver seu olhar apreciativo, sua sabedoria, e para melhorar seu estado de ânimo, autoestima, relações e felicidade, sugiro que faça a si mesmo as seguintes perguntas:

* Como eu olho para os demais?
* Sinceramente, como olho para mim mesmo?
* É um olhar confiante, poderoso, compreensivo, gentil e empático?
* Ou, ao contrário, é um olhar crítico, vitimista, ciumento, invejoso e depreciativo?

O ponto de vista que você decide adotar não só condiciona a qualidade do vínculo com os demais, mas também suas possibilidades de realização em sua vida. É evidente que uma pessoa agradável, gentil, generosa e positiva é muito mais magnética e atraente que alguém desagradável, mal-humorada, egocêntrica, egoísta e negativa.

Eu te darei um exemplo concreto: você sabia que foram realizados estudos que demonstram que as pessoas gratas são muito mais atraentes aos olhos dos demais que as pessoas ingratas e críticas? Não é apenas a atratividade física que define a beleza; é a atração que você decide incorporar em seu ser com a escolha do seu MSB, que inclui o exercício do olhar apreciativo.

Mas não vamos nos confundir: exercer o olhar apreciativo não significa renunciar ao pensamento crítico. Não se trata de viver em uma ingenuidade cega. Pelo contrário. Você decide ver o mundo realmente como ele é, com a maior objetividade possível, mas, ao se relacionar com seu próprio ser e com os demais, você toma a decisão consciente de fazer isso de uma maneira gentil, construtiva, olhando com apreço, ou seja, valorizando. Valorizando aquilo que normalmente passa despercebido.

Muitas vezes, nosso olhar é inconsciente, mas é sempre determinante: as expectativas que temos sobre nós e as que pensamos que os demais têm sobre nossas ações podem nos dar asas e fazer florescer oportunidades maravilhosas ou, ao contrário, gerar dúvidas e destruir possibilidades.

O efeito Pigmaleão

É um fenômeno que recebe o nome de um mito clássico recriado na obra *Metamorfoses* de Ovídio, na qual Pigmaleão é um escultor que se apaixona por uma estátua esculpida por ele mesmo.

Para a psicologia moderna, o efeito Pigmaleão descreve como uma expectativa positiva carregada de desejo pode se tornar realidade.

Vamos imaginar um exemplo negativo e um positivo. É sábado e estamos em um jogo de futebol de adolescentes. Da arquibancada, um pai grita para o filho: "Isso mesmo, cai de novo, seu desastrado!".

O garoto, que é considerado o melhor pelo seu treinador e seus companheiros, começa a cometer uma sucessão de erros a partir desse momento. Apesar do seu talento e seu esforço, ele acredita mais naquilo que o pai disse: "você é desastrado".

Surpreso, o treinador se reúne com o pai e o faz perceber que sua atitude derrotista contamina o filho deixando-o inseguro. O filho quer agradar o pai e segue o padrão determinado por ele. A partir desse momento, o pai muda de postura e passa a animá-lo e a incentivá-lo. O melhor do time deixa o desânimo de lado para dar o melhor de si mesmo. Porque, na verdade, o rapaz se sentia desanimado porque seguia a ordem do pai em forma de crença: sou desastrado!

Encontraremos uma infinidade de casos semelhantes no âmbito educativo, laboral, inclusive em relações amorosas.

Seu olhar, sua maneira de estar no mundo, manifesta seu sistema de crenças. *Minha vida é a soma do que acredito em relação a mim, o que acredito em relação a você e o que acredito em relação à vida.*

Imagine que você é capaz de praticar um olhar apreciativo, de se concentrar nas bondades e nas virtudes sem perder o pensamento crítico, de se libertar de falsas crenças sobre você mesmo, de todos os preconceitos e especulações sobre os outros. Você estaria muito mais próximo de algo fundamental: a realidade.

O poder das expectativas... e das carícias

Sermos boas pessoas, bons profissionais e bons cidadãos, ou seja, nos cultivar e autoconstruirmos para nos tornarmos bons seres humanos é uma conquista que exige três princípios: *prazer, dever e realidade*. Neles se entrelaça a transformação individual e coletiva, que, sem dúvida, potencializamos ao acrescentar um olhar apreciativo.

Amar é cuidar, e o resto são palavras.

Amar significa relacionar-se com si mesmo e com os outros tomando cuidado desde o olhar ao gesto e à palavra. É inspirar para ajudar aqueles que nos cercam a baterem suas asas para que possam ser aquilo que estão destinados a ser. Se você ama e é amado de verdade, construirá novas realidades que irá melhorar a vida das pessoas que você gosta. *Amar é melhorar a vida*. Simples assim. E melhorar a vida significa doar-se e dar possibilidades ao outro: que possa realizar um novo projeto que te faça sonhar, passar em um teste, fazer uma boa pesquisa, permitir-se fazer algo que te dê medo, mas que ao mesmo tempo deseja profundamente.

Permitir-se é um conceito muito importante na psicologia. Podemos transmiti-lo tanto verbalmente como mediante a linguagem não verbal. Isso ocorre quando acompanhamos o outro com calma, carinho e rigor.

A ternura é um elemento fundamental para a transformação da consciência. Para empoderar a nós mesmos e aos demais, deveríamos nos reconhecer mais, sermos mais gentis uns com os outros, nos respeitarmos mais, inclusive as pessoas mais próximas e amadas, nos acariciarmos mais, nos beijarmos mais, nos olharmos mais, mesmo que seja um silêncio cúmplice compartilhado. E não me refiro à carícia apenas como uma troca de pele com pele. O olhar com apreço, com ternura, também é uma carícia que eleva a inspiração, a motivação, as emoções, os sentimentos e os estados de ânimo.

É justamente sobre isso que o psicoterapeuta Claude Steiner fala em sua teoria da economia das carícias. Em seu livro *Os papéis que vivemos na vida*, ele explica que os sinais de reconhecimento ou carícias (o afeto, o olhar, a palavra e o gesto) são imprescindíveis para a sobrevivência. Há uma correlação positiva e extraordinária entre como cuidamos, nossos autocuidados e nosso desenvolvimento psicológico, emocional, intelectual e físico.

Pessoas que não se sentem reconhecidas tendem a buscar essas carícias, inclusive, às vezes, até mendigam por elas, destruindo sua autoestima. Quem não se sente reconhecido e amado tende a complicar sua vida para, desesperadamente, chamar a atenção dos demais. Por isso há tantas pessoas que inconscientemente se fazem de vítimas. Porque nas desgraças que compartilham há um grito desesperado: *olhe para mim, eu estou aqui, me ouça, não me ignore. Me acaricie, preste atenção em mim.*

Não espere que te salvem. Peça ajuda, atenção e ternura quando sentir que precisa. E você irá perceber que há muitas pessoas que, como você, desejam esse encontro e essa troca livre de máscaras baseada em uma intimidade respeitosa e gentil. Talvez não exista nada no mundo que seja tão gratificante como encontrar alguém que nos ouça de verdade, que olhe com apreço e que exerça a delicadeza, a atenção e a gentileza sem hipocrisia nem esforços. Essas são as boas pessoas que dão sentido à vida. E você pode ser uma delas. Então pratique o olhar consciente para criar vínculos, experiências e encontros de qualidade, porque em cada olhar você semeará sementes de Boa Sorte para você e para os demais.

O seu olhar tem o poder de criar realidades maravilhosas, a cada instante. Aproveite esse milagre que você pode realizar permanentemente.

EXERCÍCIO PRÁTICO

O efeito surpresa

1. Tente fazer cócegas em si mesmo. O que acontece?

2. Provavelmente você irá comprovar que é incapaz de rir. Você não pode fazer cócegas em si mesmo porque sabe previamente onde iria senti-las. Sem o fator surpresa nem o desejo, seu cérebro antecipa e anula a ação. O efeito Pigmaleão morre.

3. Agora imagine que alguém que você ama diz que fará cócegas em você, mas não diz onde.

4. Só de pensar você pode começar a rir ou cair na garga-lhada sem que a outra pessoa chegue a tocar em você. Afinal, não somos feitos de pedra.

5. Pense como pode aplicar o efeito surpresa, como o dessas cócegas inesperadas e carinhosas, para animar e estimular a vida dos demais. Uma carícia para a alma pode ser presentear com um livro, organizar a exibição de um filme motivacional que gere um bom debate posterior, compartilhar uma música que você sente que tocou fundo na sua alma, surpreender seu parceiro

com um jantar inesperado, levar sua família para passear em um lugar que você imagina que irão adorar, e tantas outras coisas.

6. Se melhorar o ânimo dos demais, por contágio emocional, irá melhorar o seu próprio. E se todos fizéssemos esse exercício frequentemente, criaríamos uma verdadeira pandemia de MBS, positiva e transformadora para a humanidade. Não se esqueça, você é a causa da sua Boa Sorte se assim decidir. Crie, compartilhe e comece a praticá-la apenas com o seu olhar. É muito fácil, mesmo que pareça mentira. É verdade. Então convido você para que comece a praticar a partir de agora.

5. OPORTUNIDADE ESTÁ RELACIONADA A SER OPORTUNO

O poeta E. E. Cummings dizia que não estar morto não significa estar vivo. E é uma grande verdade: existir não é o mesmo que viver.

Alguém que se deixa levar pela inércia, sempre no piloto automático, talvez seja espectador da vida, mas não participa dela de maneira ativa. Existe, mas não vive.

Uma das regras do livro *A Boa Sorte* está baseada na criação de oportunidades. E as oportunidades não são uma dádiva do acaso nem entregues a você por terceiros.

Então, a oportunidade está em acreditar que você é capaz, mantendo esperança ativa, alegria, humildade e proatividade.

* *Esperança ativa*, não passiva, para esperar pelo melhor enquanto preparamos o terreno com esforço para que o melhor possa acontecer.

* *Alegria* para manter a alegria de viver e a motivação, contagiando os demais com nosso propósito. Lembre-se de que quanto mais alegria você compartilha, mais ela se multiplica!

* *Humildade* para entender que as grandes coisas se constroem a partir das pequenas, aquilo que fertiliza – como o húmus da terra – e faz os sonhos crescerem. Humildade, humor, húmus e humano compartilham o prefixo (húmus significa "terra") e isso não é coincidência.

* *Proatividade* para fazer tudo aquilo que depende de você, sem esperar que a oportunidade venha te procurar. Dizem que o melhor ainda está por vir, mas, por precaução, não fique à espera!

De tudo que foi dito anteriormente, você pode deduzir que a oportunidade não é um presente que chegará até você, mas que está na sua capacidade de reconhecer – saber ver e apreciar o que os outros desprezam – e agir para dar valor à possibilidade ainda não realizada.

Um segredo que todos podem ver

Por esse motivo, muitas vezes as oportunidades podem passar despercebidas. O que para alguns é uma oportunidade maravilhosa, para outros é um problema insuperável. Quantas vezes você já viu duas pessoas reagirem de maneira radicalmente diferente ante uma mesma situação? Uma se entrega ou se retira e a outra encontra nessa experiência um tesouro de aprendizado e transformação.

Portanto, as oportunidades são como um tesouro que todos podem ver, ou seja, às vezes são tão óbvias que não percebemos, tão evidentes que passam despercebidas, tão expressivas que se tornam invisíveis para aqueles que não sabem reconhecê-las, não estão preparados e não querem agir. Por isso a palavra *oportunidade* se relaciona com ser oportuno. Isso não significa que as oportunidades sejam óbvias; é você quem tem que desenvolver a capacidade de reconhecê-las.

Assim como aquilo que é pouco provável nos parece impossível, muitas vezes negligenciamos a oportunidade porque nos deixamos levar pela inércia e pela rotina, à espera de algo ou alguém que venha nos resgatar. É como se esperássemos que a oportunidade assobiasse para nós de longe, levantasse os braços, sacudisse-os e nos dissesse: "Ei, estou aqui, não está me vendo?".

Mas não é assim que a oportunidade funciona. É você, com seu olhar apreciativo e suas permissões, quem verá de longe as oportunidades que virão, caso adapte essa nova maneira de viver à Mentalidade da Boa Sorte que estou lhe propondo.

As oportunidades passam camufladas para aqueles que não sabem ver e, consequentemente, por não vê-las, as pessoas não agem. Inclusive, quando as circunstâncias mudam, é necessário nos adaptarmos e mostrarmos iniciativa.

A aviadora e escritora Anne Morrow Lindbergh afirmava que "não há pecado mais castigado pela natureza do que a resistência à mudança". Como foi dito no começo deste capítulo, para não acabarmos como seres vivos que não vivem sua vida, a oportunidade é um farol que nos guia a uma nova realidade com sentido. Toda oportunidade é uma porta para sua transformação significativa.

Até que ponto você resiste para realizar as mudanças de que precisa?

Você decide ser o motivo da sua transformação ou sente que precisa ser pressionado?

Você tem coragem de ir atrás dos seus sonhos ou sente que está acomodado?

Convido você a refletir a respeito dessas perguntas enquanto dou mais pistas no texto seguinte.

A vida é uma série de problemas

O psiquiatra norte-americano Morgan Scott Peck começou seu livro *A trilha menos percorrida*, publicado pela primeira vez em 1978, de maneira ousada: "A vida é difícil". Esta é a primeira frase do primeiro parágrafo de seu livro. Lembro que eu o li quando era adolescente, mas aquela primeira frase tão óbvia me impactou profundamente e me deixou imerso na leitura do livro.

A seguir, Peck nos esclarece esse ponto de partida. Ele afirma que quando percebemos que a vida é difícil, "ela não é mais difícil, porque assim que aceitamos a verdade, a dificuldade da vida já não importa". Eu acho que é aí que ele toca na ferida. Assim como dizia o sábio Sêneca: "Não é que não ousamos fazer muitas coisas porque são difíceis, e sim as coisas são difíceis porque não ousamos fazê-las".

Scott Peck nos leva a uma questão-chave: "A vida é uma espécie de série de problemas. Devemos lamentá-los ou devemos resolvê-los?". Esse é o verdadeiro cerne da questão. Como vimos no capítulo inicial deste livro, independentemente de estarem passando por etapas favoráveis ou desfavoráveis, as pessoas com MBS não se conformam com o papel de espectadores de sua vida. Comemoram e apreciam os bons momentos, assim como tentam solucionar e resolver os momentos difíceis da melhor maneira possível. Dessa forma, tudo é lucro.

Aliás, Scott Peck afirma que "nossos momentos de mais clareza geralmente ocorrem quando nos sentimos profundamente incomodados, infelizes ou insatisfeitos. Afinal, são nesses momentos, movidos pela insatisfação, em que nos desviamos do caminho já traçado e começamos a explorar respostas mais precisas". Por isso, muitas vezes a vida nos pressiona para sairmos da inércia, dando-nos a oportunidade de explorar o que até então nos parecia impossível ou inimaginável. Como dizia o grande Forrest Gump para sua mãe: "A vida é como uma caixa de chocolates, você nunca sabe o que vai encontrar". E como a vida é bonita quando vivemos sob essa perspectiva!

Sobreviver ou superviver?

Os desafios ajudam você a se tornar consciente, a abrir os olhos, o que eu chamo de *superviver*, em vez de sobreviver.

Supervivem aqueles que cultivam a esperança ativa, crescem, inventam, refletem e se entusiasmam com cada pequena vitória. Confiam no próximo para alcançar sinergias que beneficiem ambas as partes. São oportunos e com os limões fazem uma deliciosa limonada.

A resistência à mudança equivale a resistir a viver. Então, como é possível superar essa resistência? Com base na minha própria experiência e na observada em tantas pessoas que acompanho, quero dividir com você algumas chaves fundamentais que eu garanto que se você as colocar em prática, as integrará fortemente à sua Mentalidade da Boa Sorte. Vamos conhecê-las:

* **Autorreflexão e autoconsciência.** Pergunte-se com sinceridade quais são seus desejos e necessidades e, acima de tudo, ouse mudar tudo aquilo que não funciona mais e não lhe serve mais.

* **Destrua suas crenças limitantes.** Descarte todas aquelas ideias preconcebidas que te limitam e as substitua por outras de natureza oposta, como mostrarei no exercício no final deste capítulo.

* **Olhe para você com admiração e evite a autocrítica inútil, sem sentido ou debilitante.** Se você se desprezar, os outros o desprezarão. Se você aprender a valorizar a si mesmo através da prática, da reflexão e da ação, melhorando constantemente, você amará a si mesmo e será amado, valorizará a si mesmo e será valorizado, respeitará a si mesmo e será respeitado.

* **Desafie-se, mesmo se tiver medo.** Você sairá forte da experiência. O medo de perder faz você perder. A coragem de vencer o fortalece e, mesmo que não conquiste exatamente o que deseja, crescerá ao longo do caminho. Não se esqueça de que o importante não é realizar tudo aquilo que você deseja, afinal, é muito mais importante tudo aquilo que você irá desenvolver pelo caminho quando estiver em busca desses objetivos que deseja conquistar.

* **Procure respaldo nutritivo ao seu redor.** Escolha estar perto de pessoas boas, nobres, honestas, éticas, trabalhadoras, responsáveis, organizadas, gentis, criativas, com valores, e

afaste-se dos invejosos, preguiçosos, céticos, pessimistas, cínicos e daqueles que nunca ousam e querem contagiá-lo com sua incapacidade. Lembre-se de que você se torna uma média das pessoas com as quais passa mais tempo. A qualidade das suas relações acaba moldando a qualidade da sua alma. Tudo é contagioso, o bom e o ruim. Então escolha o bom.

* **Planeje a mudança de forma realista.** Imagine e construa sem fantasiar de forma gratuita. Coloque em primeiro lugar objetivos fáceis de serem realizados, pequenos e aceitáveis. Ao alcançá-los, progressivamente, você ganhará confiança e irá ousar a criar oportunidades para desejos cada vez maiores. E nunca se esqueça de que devagar se vai longe. Como diz o sábio ditado italiano: *piano, piano, si va lontano* (devagar, devagar, se chega longe).

Independentemente dos acontecimentos externos, não há nada que o torne mais forte que desenvolver um diálogo interno positivo, um discurso mental orientado a detectar e aproveitar as oportunidades.

Mais adiante irei me aprofundar nas ferramentas para desenvolver essa mudança no discurso de seu pensamento, naquilo que você diz. Porque ao mudar o que acontece dentro de você, mudará a realidade que está fora de você.

EXERCÍCIO PRÁTICO

O que você diz a si mesmo?

1. Preste atenção ao que você diz a si mesmo. Cada vez que você se pega falando mal de si mesmo.

2. Pergunte-se de onde vem essa crença. Era uma frase repetida pelo seu pai, sua mãe, uma irmã, um irmão, um professor, sua avó ou seu avô, seus tios? De onde sai essa voz que você incorporou e que talvez não seja sua?

3. Essa ideia que machuca você, esse pensamento doloroso, é um preconceito ou uma ideia preconcebida?

4. Se não tem 100% de certeza de que é verdade, descarte-a imediatamente. Entenda que é como um ataque de tosse ou um espirro que chegou repentinamente, mas que não é você. Lembre-se, como diz a sábia Byron Katie: "Não acredite em tudo que pensa". Você não é seus pensamentos, você é a consciência que percebe os pensamentos. Você não é as ideias que vão e vêm e às vezes o torturam e machucam, você é quem concretiza essas ideias que passam pela sua mente como nuvens no céu. Consequentemente, situe-se nesse "perceber",

nessa presença e escolha criar pensamentos que o elevem e deixe de lado os que o machucam. Porque eles (os pensamentos ruins) não são você.

5. Escolha ideias e pensamentos de natureza positiva, criativa, construtiva, todas as manhãs ao acordar e todas as noites antes de se deitar. Escreva-os em um caderno e deixe-o em sua mesa de cabeceira. Repita-os como um mantra até senti-los ressoar não apenas em sua mente, mas também em seu coração. (Por exemplo: ~~tudo dá errado para mim.~~ → Faço todo o possível para que as coisas deem certo, e todos os dias faço o meu melhor para que as coisas sejam melhores, cada vez melhores, porque aprendo com tudo e tudo me fortalece.)

6. A RESIGNAÇÃO É UM SUICÍDIO COTIDIANO

O título deste capítulo é uma frase escrita pelo francês Honoré de Balzac, e continua atual depois de dois séculos. Esse mestre do romance social e realista era um observador atento das relações humanas, já que sentiu na própria pele a dificuldade e o desafio de criar seu próprio destino.

Teve que lutar contra a oposição da família, que desejava que ele fosse advogado, e no início viveu de maneira bastante humilde, aceitando qualquer trabalho relacionado à escrita enquanto tentava se mostrar ao mundo. Acima de tudo, seu objetivo era não desistir do seu sonho de se tornar romancista, já que seus pais não viam futuro nessa profissão e queriam que ele fosse um tabelião.

Não é à toa que ele considerava a resignação uma forma de morrer, a partir do momento em que alguém decide desistir.

Uma morte em vida

Resignar-se não significa aceitar e digerir "o que tem pra hoje", mas cruzar os braços e desistir de traçar o roteiro da vida que você escolheu. *Resignar-se não resolve nem a inquietude, nem o desconforto. Na verdade, só os piora.*

Muitas pessoas aceitam a resignação, já que às vezes é uma espécie de *paz barata*, um caminho aparentemente fácil e sem atritos que se segue para não encarar a mudança. É o caso de casais que se conformam em coexistir quando já não tem mais nada a dizer um ao outro, assim como alguém que se apega a um trabalho que causa tédio e infelicidade, por medo de procurar novas oportunidades de desenvolvimento profissional.

Martha Medeiros, em seu poema intitulado "A morte devagar", advertia dessa forma sobre o perigo de resignar-se sem lutar por uma vida melhor:

> "Morre lentamente quem se transforma em escravo do hábito, repetindo todos os dias os mesmos trajetos, quem não muda de marca, não se arrisca a vestir uma cor nova ou não conversa com quem não conhece."

O poema também fala da televisão como anestesia, de fugir das paixões e dos sentimentos, das pessoas que não arriscam "o certo pelo incerto para ir atrás de um sonho". Retomando:

> "Morre lentamente quem destrói seu amor-próprio, quem não se deixa ajudar. Morre lentamente quem passa os dias queixando-se da sua má sorte ou da chuva incessante."

Também morrem em vida aqueles que abandonam os projetos antes de começá-los – ou seja, os procrastinadores –, aqueles que não fazem perguntas a respeito do que não sabem. E assim, Medeiros conclui seu brilhante alerta para os navegantes do próprio destino:

> "Evitemos a morte em doses suaves, recordando sempre que estar vivo exige um feito muito maior do que o simples fato de respirar."

Resignar-se é suportar, mas não devemos confundir a resignação com a aceitação, porque não são a mesma coisa. Enquanto a resignação está na criança interior que tem medo, a aceitação está no adulto interior que quer ver com clareza. Da resignação, você foge, mas da aceitação, você cresce. Resignar-se é retrair-se e retirar-se. Aceitar é querer ver com clareza, encarar a vida com amor, verdade e honestidade, querer ver claramente para poder pisar com firmeza. Resignar-se é cair. Aceitar é avançar.

Imaginação, desejo e ação

Embora seja mais fácil sentarmos e deixarmos que qualquer distração atrapalhe a reflexão necessária para empreender o que é difícil, essa é a porta que nos permitirá passar para outra etapa da nossa vida.

Se perdermos a oportunidade de mudar, permanecendo na imobilidade e na inércia do piloto automático, nunca saberemos o que poderíamos ser, o que poderíamos ter conquistado.

Para sabermos, o único caminho é a ação.

O poeta Rabindranath Tagore, primeiro ganhador do prêmio Nobel da Índia, nos presenteia com uma bela imagem para entender isso: "Você não pode cruzar o mar meramente ficando parado e olhando para a água". Por sua vez, o orientalista Alan Watts dizia que "a palavra água não molha". Ou seja, você tem que pular na piscina.

Você é do tipo que pula na piscina? Sim ou não?

Aliás, as pessoas são essencialmente dinâmicas. Quando permitem que o medo alimente a imobilidade vão contra a natureza. Onde estaríamos hoje se as utopias do passado não tivessem se tornado realidade através do trabalho árduo visualizando sua realização?

Não existiriam o sufrágio universal, a igualdade de direitos para as mulheres ou as melhorias trabalhistas que nos permitiram nos livrar das realidades atrozes para muitos seres humanos ao longo da história. E o que ainda resta a ser feito...

Embora haja um longo caminho a ser percorrido, se essas conquistas foram realizadas, foi porque o inimaginável ganhou vida graças à combinação de *imaginação, desejo* e *ação*, três atributos da Mentalidade da Boa Sorte.

No entanto, a ação deve ser acompanhada de reflexão e de uma atitude saudável, sem pressa, aceitando o peso da dor ou do desconforto para a mudança que você deseja conquistar.

Lembre-se: não pode haver sabedoria sem reflexão; não pode haver reflexão sem quietude, sem parar um pouco, sem parar para pensar. Talvez por isso Pascal tenha dito uma das frases mais inteligentes que li em toda minha vida: "A infelicidade de um homem começa com a incapacidade de estar a sós, consigo mesmo, num quarto".

Por isso quero terminar este capítulo convidando-o para que, de vez em quando, pare, reflita, desenvolva a sua própria sabedoria vital naquela solidão tão fértil de estar sentado em um quarto, na areia da praia ou no prado da montanha. Graças a esse ato de parar e refletir, você chegará à clareza e sabedoria que lhe permitirá viver com aceitação e sem resignação.

Sua sabedoria não depende do seu consciente intelectual, depende essencialmente da sua sinceridade com sua própria alma, ao seu próprio ser. Da sua vontade de olhar e querer ver claramente, sem filtros, sem trapacear e sem desculpas.

Observe que algumas pessoas sábias que fizeram história eram analfabetas, mas observavam, refletiam e analisavam sua vida e o que havia ao redor com o objetivo de identificar a verdade.

Portanto, você não consegue transformar a sua vida se tiver a intenção de trapacear. E há muitas pessoas que trapaceiam para conquistar falsas vitórias. E é um fato: *a verdade te liberta.*

EXERCÍCIO PRÁTICO

A vida depois da mudança

1. Há alguma iniciativa ou decisão importante que você esteja adiando por medo da mudança?

2. Caso a resposta seja afirmativa, você prevê como será a sua vida a médio ou a longo prazo caso se mantenha imóvel?

3. Visualize agora que, depois de refletir e analisar com sinceridade essa situação que deseja mudar, você decide seguir em frente. Como será seu dia a dia após essa decisão crucial? O que terá melhorado? O que você ganhará após concluir a mudança?

4. Escolha entre ambos os futuros. Resignação, medo e fuga *versus* reflexão, aceitação e ação.

5. Se você optar pela mudança, elabore um plano de ação específico, com data e hora de início e data de término. O que não é colocado no calendário, acaba não sendo executado.

7. A CHAVE PARA UMA VIDA PLENA: A LONGANIMIDADE

Quando falamos em *transformação*, extraímos da palavra um sentido de continuidade, um processo. Da mesma forma, vemos a *perseverança* como uma tentativa constante. Porém, o termo *longanimidade*, que nos remete a algo bom, é uma lacuna em nosso dicionário: é um conceito pouco conhecido.

Segundo o dicionário, a longanimidade é "a grandeza para aceitar as adversidades a favor de outrem". Também é "bondade, clemência e generosidade". Este conceito entra em conflito com a atual cultura do imediatismo, na qual queremos conseguir tudo de forma rápida e sem esforço, em benefício do indivíduo e não da comunidade.

Vamos resgatar esse valor fundamental para você, criadora e criador da Boa Sorte e, portanto, para alcançar sua Mentalidade da Boa Sorte.

Resiliência constante

A longanimidade implica resiliência conservada ao longo do tempo, pois implica força, humildade, determinação e aprendizado constante.

Lembre-se de que a resiliência é a capacidade que as pessoas têm de se adaptar a situações adversas obtendo resultados positivos. Quem é resiliente cai e se levanta depois de aprender a cair para uma próxima ocasião. Quem tem longanimidade, ou seja, quem é longânime, mantém e exerce esse aprendizado ao longo do tempo, permanentemente. Por isso, às pessoas que amo e nas quais reconheço longanimidade gosto de dizer o seguinte: *Aprendeu tanto com seus erros que quando tropeçou, em vez de cair, voou.*

Esta frase veio à minha mente uma vez quando estava treinando em uma aula de aikidô. Durante alguns anos da minha vida, eu pratiquei essa arte marcial. Eu me lembrocde que, durante os primeiros anos de treino, a cada aula o professor praticamente nos ensinava a cair e a levantar sem dor e com rapidez. Algumas pessoas desistiam de treinar porque consideravam uma chatice esse exercício de cair no chão e se levantar em todas as aulas. A prática consistia em cair para a frente, para trás, para o lado, dar uma cambalhota... e assim que caíamos para o lado, devíamos ficar de pé novamente e nos equilibrarmos o mais rápido possível. Sem dúvida, essa foi uma prática que me ensinou muitas coisas sobre a vida, pois o exercício de cair e levantar pode ser aplicado em muitos outros cenários da nossa vida: rompimentos amorosos, decepções com amigos, familiares ou sócios, dificuldades profissionais, enganos ou fraudes, golpes de todos os tipos, enfim, qualquer aborrecimento que nos derrube temporariamente.

Por isso, se você analisar a etimologia da palavra *longanimidade*, descobrirá que ela é preciosa e que vem do latim (*longus*, 'longa' + *animus*, 'alma'); é a capacidade de suportar com coragem permanente os desafios que a vida nos apresenta. A pessoa que é longânime, ao contrário daquela que procura atalhos para obter um benefício rápido e a qualquer preço – o tal do "vale tudo por dinheiro" –, concentra-se no esforço, na coragem de se manter firme durante o percurso sem se deixar desanimar pelos obstáculos da vida. Além disso, o dicionário também a define como "bondade, clemência e generosidade".

Ou seja, as pessoas que são um exemplo dessa extraordinária força interior são também pessoas boas, empáticas e compassivas ao mesmo tempo que se dedicam aos demais. Porque só quem tem um grande coração tem a força interior para avançar nas adversidades com empenho e determinação. Imagine quão importante e belo é o conceito da longa-nimidade para aprender a viver com dignidade e força interior!

Em um recente documentário sobre David Bowie, *Moonage Daydream*, que também é um excelente estudo sobre criatividade, o artista afirmava que "às vezes o mais heroico que você pode fazer é chegar ao final do dia tendo realizado algo que vale a pena".

Portanto, por um lado, a longanimidade implica ter uma visão a longo prazo, sabendo que a vida nos espera com múltiplos desafios que podemos transformar em oportunidades de crescimento próprio e alheio, e por outro lado, evita a preguiça e a pusilanimidade – que seria o contrário de coragem, já que ser pusilânime implica pouco ânimo e falta de coragem para agir, enfrentar perigos ou dificuldades ou suportar desgraças – no dia a dia.

Voltando à primeira definição: a longanimidade é *a grandeza e constância de espírito na adversidade.*

Há um exemplo do mundo animal que gosto de utilizar para ilustrar o valor da resiliência contínua: o bicho-da-seda. Ele elabora laborio-samente um casulo do qual logo se libertará para poder renascer como borboleta ao final de sua metamorfose.

Como o mito da ave fênix, às vezes é preciso deixar morrer o que somos para dar origem ao que podemos nos tornar. Nas palavras da escritora George Eliot: "Nunca é tarde demais para ser o que você poderia ter sido".

Para o bicho-da-seda esta mudança exige um grande esforço, já que a crisálida tem que romper com suas frágeis asas a casca natural que foi o seu mundo protetor. Terá que superar essa prova se quiser se libertar e voar.

Em *Demian*, o excelente romance de formação (*bildungsroman*) de Hermann Hesse, ele nos apresenta essa mesma metáfora:

O pássaro rompe a casca do ovo.
O ovo é o mundo.
Aquele que quiser nascer tem que romper um mundo.

Sim, chegou o momento de romper a casca, se não fizermos isso, perderemos a oportunidade de nos transformar e nos elevar. Se fizermos antes do tempo, cedendo à precipitação, a oportunidade também não será bem-sucedida.

Concluindo a aventura do bicho-da-seda, em uma experiência de laboratório, a crisálida recebeu ajuda para sair do casulo antes da hora. E o que aconteceu? Bem, a borboleta não pôde voar. Porque é esse esforço excessivo que permite às borboletas fortalecerem suas asas para poderem voar. E, sem voar, não conseguem se alimentar, morrem e obviamente não se reproduzem, e assim a espécie se extinguiria.

De tudo isso, aprendemos três importantes lições para sua Mentalidade da Boa Sorte:

1. *O esforço contínuo ao longo do tempo é a chave para o sucesso.* Precisamente a esta ideia dedicarei o capítulo 14 deste livro.

2. *Sem esforço e coragem só podemos aspirar a uma morte aparentemente confortável, uma paz barata.* Lembre-se da frase que muitas pessoas admitiram quando lhes restava pouco tempo de vida: "Queria ter me arriscado mais".

3. *Fazer as coisas no momento ideal é essencial na transformação pessoal e em qualquer projeto.* Lembre-se de que oportunidade está relacionada a ser oportuno.

Um herói
por amor

As pessoas longânimes têm um coração grande e são flexíveis, ou seja, se entregam com todas as forças ao seu propósito, adaptando-se a cada situação. A bondade, a compaixão e a generosidade são as chaves dessa alquimia existencial que transforma o sofrimento em superação. A ação virtuosa deve ser boa para você assim como para os demais.

Agora voltarei e me aprofundarei na segunda definição da longanimidade: *benignidade, clemência e generosidade.*

Quando falamos do esforço contínuo ao longo do tempo, não podemos excluir o amor, que se traduz em cuidado, compreensão, entrega e inspiração.

Há uma história pessoal que conheci há anos, que me inspirou e ajudou em um momento no qual uma das minhas filhas passou por uma doença grave. Gostaria de compartilhá-la muitas vezes e mais uma vez a exponho aqui pelo seu extraordinário valor humano, de superação e por ser um exemplo brilhante de resiliência e de longanimidade.

Seu protagonista é Dick Hoyt, um ex-militar norte-americano cuja vida mudou radicalmente em 1962 com a chegada de seu filho Rick, que nasceu com paralisia cerebral. Devido à paralisia, ele não podia falar, nem andar, nem sequer mover as mãos e os braços para se expressar.

Aos doze anos, Rick começou a se comunicar através de um programa de computador que traduzia seus movimentos de cabeça em palavras e finalmente em frases. As primeiras palavras que disse através desse meio foram: "Vamos, Bruins!", para incentivar seu time local de *hockey* da cidade de Boston, nos Estados Unidos. Seu pai, fã dos Boston Bruins, o levava frequentemente ao estádio em sua cadeira de rodas, e Rick passou a gostar muito do time.

Isso fez seus pais acreditarem que o garoto se interessava pelo esporte, então decidiram ignorar a opinião dos médicos de que Rick estava condenado a viver como um vegetal.

E foi aí que a aventura começou.

Dick Hoyt decidiu formar uma dupla com o filho para treinarem juntos e participarem das maratonas e dos triátlons mais difíceis de seu país. Para isso teria que levar Rick em um carrinho como se fosse um bebê.

O "Time Hoyt" se tornou famoso desde que Dick e Rick participaram de sua primeira corrida em 1977. O público e os participantes ficaram admirados diante daquele pai que arrastou um filho de quase sessenta quilos em um barco enquanto nadava, carregava-o em uma cadeira presa à bicicleta e finalmente empurrava sua cadeira de rodas nas provas de maratona.

Juntos participaram de mais de mil competições, que incluíram uns 250 triátlons, com seis provas *ironman*, ou seja: 44 quilômetros de maratona + 180 quilômetros de bicicleta + 4 quilômetros nadando. Tudo isso sem parar, com o peso de um filho que crescia somado ao de seus aparelhos, obtendo alguns recordes mais que notáveis, causando uma profunda admiração tanto nos demais participantes como nos espectadores das competições.

Como Dick Hoyt conseguia completar com Rick essas provas sobre-humanas?

A única explicação possível é que ele foi movido pela força do amor.

Dick queria transmitir ao seu filho que nada é impossível, e a mensagem não foi em vão. Devido ao exemplo de longanimidade de seu pai, Rick chegou a terminar o colegial e inclusive se formou em Educação Especial na Universidade de Boston. Conseguiu um trabalho no Boston College e conseguiu levar uma vida autônoma em seu próprio apartamento.

Além disso, a cidade de Boston decidiu reconhecer publicamente o exemplo dado por pai e filho e construiu uma magnífica escultura de bronze em sua homenagem.

Este exemplo extremo de esforço excessivo nos mostra que há limites que se encontram além da imaginação. Como dizia Platão, *não há pessoa, por temerosa que seja, que não possa se tornar um herói por amor.*

Uma grande alma

Sem realizar proezas como esta, desde a longanimidade que impulsiona a nossa alma ao esforço e à generosidade, surge a pergunta:

O que eu posso fazer, por menor que seja, para que minha vida e a dos demais seja mais bonita aqui e agora?

A resposta alimentará todos os seus recursos como pessoa, o tornará mais capaz e resiliente, também permitirá que você aprenda mais com seus erros, suas quedas e a dos outros. E, graças a essa compreensão e lucidez, sua alma crescerá e se fortalecerá, até que seu ego se rompa para que renasça como "uma grande alma".

Além de lhe proporcionar resiliência ao longo do tempo, a longanimidade permitirá que você trabalhe a alquimia nas dificuldades, transformando cada aparente "fracasso" em uma lição vital.

Lembre-se das famosas palavras de Michael Jordan, que voltou aos holofotes após a série *Arremesso Final*: "Errei mais de nove mil cestas e perdi quase trezentos jogos. Em diferentes finais, fui encarregado de jogar a bola que venceria o jogo... e falhei. Eu tenho uma história repleta de falhas e fracassos em minha vida. E é exatamente por isso que sou um sucesso".

O que você aprendeu com os erros cometidos ao longo da sua vida?

O que pode aprender com eles hoje, agora?

De que maneira eles ajudaram você a crescer e a ser melhor?

Para consolidar sua Mentalidade da Boa Sorte, está determinado a incorporar e praticar em si mesmo a partir de agora a virtude da longanimidade?

EXERCÍCIO PRÁTICO

Fortaleça suas asas

1. Pense em uma capacidade, hábito ou atitude que você não tem agora e lhe permitiria alçar voo em sua vida.

2. Comece a praticá-lo sem mais delongas.

3. Quando se sentir impaciente porque ainda não pode ver os resultados, visualize-se dentro de um casulo de seda como uma borboleta presa e em metamorfose, trabalhando com longanimidade para rompê-lo quando estiver preparado.

4. Motive-se pensando em como será sua vida quando puder sair dele, abrir suas asas e voar rumo a um novo destino vital.

8. ISSO TAMBÉM PASSARÁ

A vida é um sopro. É uma soma de todos os momentos, mas, principalmente, "é o que fazemos dela", como diz um aforismo tibetano. Há momentos que não compreendemos, que doem ou parecem não fazer sentido. Em momentos como esse, a vida pode parecer exaustiva. Já em outros, nós a aproveitamos e ela *vale a pena*. Preste atenção no sentido literal desta frase: *a alegria vale o esforço e a dificuldade.*

O simples fato de estar aqui é um presente extraordinário, você não acha? No entanto, gostando ou não, passamos por situações difíceis e surpresas, alguns momentos de alegria e outros de luta.

No ancestral oráculo da sabedoria chinesa, *I Ching*, também chamado oportunamente de *O Livro das Mutações*, encontramos esta passagem:

> A mudança é certa. As dificuldades seguem a calma; a partida dos homens maus é seguida pelo seu retorno. Essas recorrências não devem ser motivo de tristeza, mas oportunidades para se tornar consciente, de modo que a pessoa seja feliz nesse meio-tempo.

Este é um aprendizado importante que precisamos inserir neste capítulo: *nada que nos ocupe ou nos preocupe será eterno.* Nem o bom nem o ruim dura para sempre. Tudo passa, o agradável e o desagradável. Tudo é um sopro, um vaivém.

Por saber disso, as pessoas com MBS não se desesperam porque estão conscientes da temporalidade de tudo.

O anel do rei

Em nosso livro *Cuentos para quererte mejor*[3], escrito com meu querido amigo Francesc Miralles, incluímos uma adaptação da parábola *O anel do rei* para refletir sobre valores como a paciência, a humildade, a alegria e a aceitação, ingredientes necessários para uma mente equilibrada e equânime capaz de atrair a Boa Sorte.

Eu gosto tanto deste pequeno conto de sabedoria tradicional que vou compartilhá-lo com você aqui e agora:

Certo dia, o rei convocou seu conselho de sábios e disse-lhes o seguinte:

— Eu encomendei um anel maravilhoso do melhor joalheiro de toda a corte. Debaixo da pedra colocarei uma frase inspiradora que me sirva de consolo em todos os momentos de desespero e angústia. Deve ser uma mensagem que me transmita luz quando me sinta perdido, que me permita ser mais justo, compassivo e capaz. Quem pode providenciar uma mensagem assim para mim?

Estimulados pelo desafio, as mentes mais brilhantes do reino dedicaram dias e noites inteiros formulando ideias de grande cunho intelectual. Mas nenhuma delas conseguiu satisfazer o rei.

Todas as propostas foram recusadas até que, uma manhã, um humilde ancião vindo de muito longe pediu para ver o monarca. Apesar de suas roupas esfarrapadas, sua idade avançada e a longa distância percorrida pelo peregrino, o rei decidiu recebê-lo.

— Majestade, se eu não me engano, ouvi dizer que o senhor está à procura de uma inspiração para seu anel que possa ajudá-lo nos momentos difíceis.

---

[3] Tradução adaptada para o português: *Contos para gostar mais de si mesmo*. (N.T.)

— É verdade... — respondeu o rei. — Tem algo a me propor?

— Mas é claro. Eu a escrevi neste papel, mas vossa majestade não deveria ver a frase até que se encontre em uma situação realmente difícil.

Mesmo intrigado pelo que aquele papel cuidadosamente dobrado dizia, a falta de outras ideias fez com que o rei decidisse entregar a mensagem ao joalheiro para que ele a escondesse debaixo da pedra. Enquanto ele não precisasse dela, pediu que o velho ficasse morando na corte.

Tempos depois, o reino foi atacado por forças inimigas e o rei teve que fugir para o bosque, enquanto tentava reorganizar seu exército. Depois da cansativa cavalgada, ele decidiu que era hora de olhar a mensagem no anel. Então, tirou a pedra cuidadosamente e leu a mensagem que estava adormecida ali: "Isso também passará".

Após a perplexidade inicial, o monarca foi dominado por uma sensação reparadora de calma e otimismo.

— Isso também passará – repetiu aos seus tenentes, respirando com alívio.

E foi o que aconteceu. Após recuperarem a calma, eles se reagruparam e surpreenderam o inimigo pela retaguarda, obrigando as tropas forasteiras a recuarem.

Extasiado com o sucesso, o rei entrou no castelo sob aplausos e exigiu ver o ancião imediatamente para recompensá-lo. Ele se limitou a dar um tímido sorriso e disse:

— Isso também passará. A única certeza é que tudo muda.

Os quatro ensinamentos

A mensagem que você pode tirar desse conto é que ter uma mente aberta e humildade para aceitar outros pontos de vista podem salvar a sua vida. Também é bom estar aberto para as mudanças favoráveis ou desfavoráveis que surgirão inevitavelmente ao longo dos seus dias.

Além disso, se não passarmos pelo túnel, não saberemos se há ou não luz no final dele. Isso não é papo furado, é a mais pura verdade.

Vou resumir o que aprendi neste capítulo em quatro ensinamentos essenciais que, particularmente, foram muito úteis para mim ao longo da minha vida. Para realizar a alquimia que leva da escuridão à luz – e à lucidez –, da ignorância à sabedoria, é necessário:

1. *Paciência* para aprender com tudo aquilo que você viveu, permanentemente.

2. *Humildade* para desapegar-se, reinventar-se, transformar-se. Deixar o velho de lado e abrir caminho para o novo.

3. *Alegria e curiosidade* em relação ao novo. Abrir os braços da alma para acolher o inesperado e saber aproveitá-lo.

4. *Aprender a viver na incerteza consciente* (ou seja, querer viver com os olhos abertos e bem despertos a um futuro que é sempre inimaginável) em vez de querer viver na *certeza inconsciente* (ou seja, desejar uma vida cheia de garantias proporcionada pelos demais, o que é um sintoma de profunda imaturidade).

EXERCÍCIO PRÁTICO

Crie seu próprio mantra protetor

1. Assim como no conto do rei, pense em um conselho ou inspiração que é ou tenha sido bastante valioso nos momentos difíceis de sua vida. Por exemplo, um amigo me revelou que tem um lema que o ajuda muito: "Na vida, há coisas que não dão certo na primeira vez". No meu caso, considero muito inspirador o mantra "Viva e deixe viver" e "O que negas te subordina. O que aceitas te transforma", famoso aforismo de Carl Gustav Jung.

2. Decida qual será o seu mantra protetor de agora em diante.

3. Tenha-o sempre à mão. Você pode anotá-lo em um papelzinho e deixá-lo, por exemplo, em sua carteira, ou até mesmo tê-lo como fundo de tela do seu celular.

4. Compartilhe o seu mantra com as pessoas que você acredita que precisam e que possa lhes fazer bem.

9. A PERGUNTA MAIS IMPORTANTE: O QUE EU TENHO QUE ACEITAR?

Como explica meu estimado André Comte-Sponville, *viver como pensamos é filosofar.* Por isso, quanto mais conscientes estivermos daquilo que nos cerca, melhor podemos viver.

No capítulo 6 vimos que a resignação não corresponde a aceitar, mas dar um passo atrás, ao não enfrentarmos o que nos inquieta ou preocupa.

Para deixar o estancamento de lado, retomemos a seguinte pergunta: *o que devo aceitar de mim mesmo, dos demais e da vida?*

E a resposta é bem simples: aceitar a realidade com a maior consciência possível. Porque enquanto a evitarmos ou negarmos, não haverá libertação nem evolução pessoal. Seguiremos vivendo na negação, no drama e nos círculos viciosos.

Por esse motivo, as queixas constantes e sem melhoria podem muitas vezes se tornar um refúgio permanente de vitimização. Olhar a realidade nos olhos, ser capaz de assumir os próprios erros, aceitar os desafios da vida e agir com determinação, nos faz sair de nossa toca, assim poderemos criar novas respostas e chegar a soluções que nunca pensamos antes. Isso é evoluir.

Este é outro princípio da Mentalidade da Boa Sorte: *ao aceitar a realidade, você poderá construir algo possível.*

Como aterrissar na realidade

Uma vez que você decide aceitar a *realidade*, há diversos caminhos para promover um encontro profundo com a realidade que você precisa enfrentar:

1. *Livre-se de preconceitos, crenças* – principalmente, os que você sabe e sente que te limitam – e ideias preconcebidas. Só assim será possível adotar uma postura objetiva e dessa forma você poderá trabalhar de maneira criativa.

2. *Instrua-se e atualize seus conhecimentos* para ter mais ferramentas que lhe permitam analisar com mais qualidade e profundidade as diferentes situações e a si mesmo em cada uma delas. O aprendizado contínuo através da leitura, do diálogo, da escrita, da audição ou visualização de conteúdos de qualidade, ou do desenvolvimento de novas habilidades através da experiência, amplia constantemente as ferramentas de que você dispõe para melhorar a sua vida.

3. *Entenda seus hábitos* e as mudanças que devem ser realizadas para que possa progredir de onde você está. Precisa saber de onde você vem e onde está antes de saber para onde quer ir.

Quando uma pessoa aterrissa em sua realidade com os olhos bem abertos, como uma nave que reconhece o terreno, adquire uma extraordinária capacidade de moldá-la. Assim, essa tomada de consciência pode causar uma mudança de vida em qualquer nível.

A partir da aceitação, você percebe que talvez o trabalho que esteja fazendo há um tempo não faça mais sentido para você, ou talvez aceite que já é hora de dar um basta em uma relação que o esteja prejudicando. Depois que souber onde você está, você pode se permitir inovar, se arriscar e aceitar ao mesmo tempo que esse processo de aprendizado tem um preço, um preço emocional.

Por exemplo, a realidade manifestará traços de personalidade que talvez você não quisesse enxergar em uma pessoa, porque para você funcionava a partir da negação e do autoengano. O que acontece é que *a idealização é inimiga acirrada da aceitação.*

Mais eficiente que uma atitude positiva

A aceitação desata a proatividade. Certamente, encarar a vida de uma maneira positiva é algo muito bem-vindo, mas isso não é tudo. Aliás, a aceitação pode chegar a ser uma ferramenta muito mais poderosa que manter uma atitude positiva.

É possível ser positivo sem mover um dedo. Mas é necessário algo mais. Se a sua intenção é conectar-se com o princípio da realidade, o fundamental é buscar a verdade, por mais difícil que pareça.

Jesus de Nazaré nos deixou a ideia de que *a verdade nos liberta,* justamente porque nos mostra a realidade e a possibilidade de transformá-la. A partir disso, crescemos e desenvolvemos o olhar lúcido e corajoso da aceitação para assumirmos a responsabilidade daquilo que temos que mudar.

É necessário coragem para a aceitação, é preciso superar o medo e enfrentar com humildade e confiança as lições vitais que você recebe em todas as dimensões, desde a profissional até as sentimentais. Ao comprometer-se com a aceitação, você deixa de resistir e ocorre a tão esperada transformação que te leva à *realização pessoal.*

Você pode fingir ingenuamente que a dificuldade não existe, mas cedo ou tarde ela irá te encontrar. Por esse motivo, *a aceitação ativa combate a frustração da resignação passiva.*

Viktor Frankl é um magnífico exemplo de aceitação e superação. Criador da logoterapia (a terapia focada em ajudar seus pacientes a encontrarem um sentido em suas vidas) e autor de um dos meus livros de cabeceira, *O homem em busca de um sentido,* optou por procurar motivos para viver mesmo no contexto de um campo de concentração nazista e, depois de perder todos seus entes queridos, dedicou sua vida a amenizar o sofrimento dos demais.

Um dos textos do doutor Frankl que mais me emocionou diz o seguinte:

> O que realmente precisamos é de uma mudança radical em nossa atitude perante a vida. Tivemos que aprender por nós mesmos e, além disso, tivemos que ensinar aos homens desesperados que não importa o que esperamos da vida, e sim o que a vida espera de nós. Precisávamos parar de perguntar qual o sentido da vida e, em vez disso, pensar sobre nós mesmos como aqueles que estavam sendo questionados pela vida – diariamente e a cada hora. Nossa resposta deve consistir, não em conversa e meditação, mas na ação e na conduta correta. Viver significa em último caso assumir a responsabilidade de encontrar as respostas certas para seus problemas e realizar as tarefas que ela traz constantemente para cada indivíduo.

EXERCÍCIO PRÁTICO

Aceitar para mudar

1. Qual é a realidade mais difícil ou urgente que você precisa aceitar nesse momento de sua vida?

2. Depois que reconhecer essa realidade, em vez de lamentar-se, analise como pode mudá-la olhando-a de frente, com vontade de compreender rigorosamente e em toda sua complexidade o desafio que irá enfrentar.

3. Para incentivá-lo, pense em como você será e como sua situação mudará quando completar sua transformação. O que terá aprendido? Quem você será? Alçará voos mais altos com todos os aprendizados do processo?

10. SE QUER QUE OS OUTROS ACREDITEM EM VOCÊ, SEJA O PRIMEIRO A FAZÊ-LO

Gostaria de refletir sobre uma questão tanto prática quanto vital. Ao aceitar a realidade, *como posso mudar a mim mesmo?*

Se você espera uma resposta, eu direi que só depende de você. Para começar, vamos observar quem é essa parte de você que formula a pergunta: se é o seu *eu medroso* ou o seu *eu ousado*.

No primeiro caso, se em você se manifesta aquela parte que tem pânico de mudar – por causa das consequências da mudança, e que talvez por isso se sinta incapaz –, a pergunta se baseia em uma resignação oculta. Por isso, podemos fingir que desejamos mudar, sendo que na realidade não ousamos pagar o preço, em forma de desconforto e esforço, sem ter garantia de sucesso.

Mas querendo ou não, isso não é possível. Tudo tem um preço e não há garantia de sucesso nesta vida. No segundo caso, se a pergunta surge da nossa parte ousada e corajosa, a melhor resposta é a ação. Não há palavras que possam substituí-la. Trata-se de agir, de fazer algo que marque um ponto de inflexão na evolução de nossa narrativa interior, de nossas crenças.

O que você precisa fazer agora?

Aqueles que agem de acordo com a segunda postura geram pouca especulação. Isso me lembra do mantra favorito de Shoma Morita. Para esse médico e psicólogo japonês contemporâneo de Viktor Frankl, com quem compartilhou o propósito da terapia, a pergunta que devemos nos fazer repetidamente é: *o que eu preciso fazer agora?*

Quando você responde com ação ao seu desejo de transformação, você começa a remar com vigor na incerteza consciente. O seu discurso se torna algo mais ou menos assim: *"Não sei o que vai me acontecer, mas sei que quero passar por isso. E, mesmo que não consiga exatamente aquilo que desejo, a vida me oferecerá outros presentes inesperados pelo caminho. Esses presentes serão aprendizados, experiências, novas pessoas, novos cenários, novos tesouros de ordem espiritual que hoje não consigo conceber nem imaginar".*

A lucidez dos "loucos"

Se você for capaz de fazer perguntas sinceras e corajosas a si mesmo, sua vida seguirá o caminho da transformação a partir da sua Mentalidade da Boa Sorte.

Muitas vezes, porém, não permitimos questionar a nós mesmos por medo de que nossa aparente estabilidade venha abaixo como um castelo de cartas. Preferimos ficar na zona de conforto, refugiados na paz barata, em vez de desafiarmos nossa situação.

O medo de perder sempre nos torna perdedores.

Qualquer transformação, inovação ou projeto que realmente valeu a pena foi desenvolvido por loucos que venceram seus próprios medos e as opiniões de outros que afirmavam que nunca conseguiriam. Para conquistar novos desafios, é necessário ter os pés no chão, mas a cabeça nas estrelas.

Lembremo-nos do inventor Thomas Alva Edison, que começou a falar aos quatro anos de idade e que, por um problema de audição, teve que deixar a escola e ser educado pela mãe, porque os professores afirmaram que ele não conseguiria aprender. Mas Edison era um apaixonado por mecânica e, em sua própria garagem, brincando com objetos e fazendo vários tipos de testes, acabou criando mais de mil invenções. Entre elas, a lâmpada, a bateria elétrica, além do gravador e do reprodutor de som.

Outros que não desistiram de seus esforços, mesmo faltando às aulas, foram os irmãos Wilbur e Orville Wright, pioneiros da aviação. Primeiro eles começaram com brinquedos mecânicos e aerodinâmicos, e conseguiram fazer com que um deles voasse em 1903, iniciando assim a história da aviação moderna.

Bendito sejam os loucos que não desistiram de lutar pela conquista da utopia.

Você está disposto a lutar pela sua?

EXERCÍCIO PRÁTICO

Uma nova solução

1. Convido você a adquirir um caderno bem bonito, o qual você goste muito. Será o seu "Caderno das Soluções". Pegue também um lápis, uma caneta ou um estojo de canetinhas que você ache bem legal. Isso é importante porque convidarei você para ritualizar algumas melhorias em sua vida, escrevendo todas as noites ou todas as manhãs – você escolhe o momento do dia que achar melhor. Anote alguma circunstância ou problema que estiver presente em sua vida no seu "Caderno de Soluções".

2. Sugiro que dedique a esta tarefa uns 15 minutos todos os dias. Depois de enunciado o problema, crise ou desafio, leia-o várias vezes e permita que surjam ideias e soluções ao longo do dia a partir da sua voz interior ou com pessoas de muita confiança. Faça uma análise de que maneira você pode resolvê-lo ou melhorá-lo. No dia seguinte, anote as soluções possíveis e ouse colocá-las em prática. Deixe as possíveis soluções escritas apenas por 24 horas em seu "Caderno de Soluções" e em seguida aja de acordo.

3. Dessa maneira, você terá um registro escrito de seus processos de evolução e melhoria que serão bastante úteis no futuro. Por um lado, porque você estará ciente da enorme capacidade que tem para propor soluções. Por outro, porque verá com o passar do tempo a enorme quantidade de desafios que superou, ao mesmo tempo que foi aprendendo e adquirindo sabedoria na hora de enfrentá-los e resolvê-los. Isso aumentará sua autoestima e sua segurança pessoal.

4. Acredite, com o passar do tempo o seu "Caderno de Soluções" provavelmente se tornará seu livro mais querido. E você o terá escrito!

Nas próximas dez lições, você verá a importância da ação, as habilidades e os hábitos que transformam os valores em virtudes para criar a Mentalidade da Boa Sorte.

Porque aquilo que você faz a cada instante cria o seu destino.

SEGUNDA PARTE

Segunda folha do seu trevo da Boa Sorte

SEUS HÁBITOS E VALORES: O QUE VOCÊ FAZ AGORA SERÁ SEU DESTINO

11. OS PRINCÍPIOS DE JEFFERSON

Thomas Jefferson foi o terceiro presidente dos Estados Unidos da América. Seus críticos e opositores da época, políticos mais experientes na arte de governar, o consideravam mais um filósofo e escritor do que um líder. No entanto, seus múltiplos conhecimentos e sua erudição deram à humanidade uma contribuição essencial à Declaração da Independência dos Estados Unidos em 1776.

O mandato de Jefferson abrangeu anos vitais para a formação de seu país, que passou por uma revolução, a guerra e o estabelecimento das bases legais de uma nova nação, com a mencionada declaração e a elaboração de uma nova Constituição.

Ao explorar os princípios de Thomas Jefferson, comprovamos que, mais que política, são ideias de vida que podem moldar a alma de qualquer pessoa. Continua válido hoje em dia. Ultrapassaram as barreiras de seu tempo e lugar para inspirar as gerações posteriores.

Dez princípios para uma vida plena

Jefferson aposta em um sentido comum – o menos comum dos sentidos – e, com uma simplicidade lúcida, reúne dez princípios que podem facilitar sua vida. Ler e colocá-los em prática lhe proporcionará um guia muito poderoso para criar sua Mentalidade da Boa Sorte.

1. **Nunca deixe para amanhã o que você pode fazer hoje.** É o que podemos chamar de RESOLUÇÃO, o extremo oposto da procrastinação. Adiar o início daquilo que você quer fazer é garantia de frustração. Diz um ditado popular: "Não deixe para amanhã o que pode fazer hoje". Não adianta nada ter boas intenções se não houver uma ação clara e imediata. Amanhã é um novo dia. E por sua vez, depois de amanhã também é. E assim sucessivamente. Se você quer melhorar sua situação e resolver problemas enquanto aproveita as oportunidades, não procrastine. Comece agora.

2. **Nunca incomode os demais por algo que você mesmo pode fazer.** Falamos de autonomia e RESPONSABILIDADE. Escreveu o filósofo Baruch Spinoza: "A atividade mais importante que um ser humano pode alcançar é aprender a entender, porque entender é ser livre". Você toma as rédeas da sua vida quando entender que não pode deixar suas ações e decisões à mercê de outros.

3. **Nunca gaste o dinheiro antes de ganhá-lo.** Aqui subentende-se o valor da PRUDÊNCIA na gestão de suas ações e sonhos. Epiteto considerava "a maior virtude" de uma pessoa. Não viver com dívidas é outra forma de aplicar o princípio da realidade que discutimos no capítulo 9 no seu dia a dia.

4. **Nunca compre aquilo que não quer só porque é barato.** Uma excelente lição de SOBRIEDADE que você pode aplicar rigorosamente. Levar uma vida mais simples o salvará das falsas necessidades e apegos. Muitas vezes não temos coisas, mas são as coisas que nos têm, nos escravizam. O ditado popular diz que "o barato sai caro", já que nos subjuga e não nos traz felicidade, afinal, em pouco tempo, o desejo volta a surgir

e vamos enchendo nossa casa de objetos enquanto esvaziamos nossas contas-correntes de dinheiro.

5. **O orgulho sai mais caro que a fome, a sede e o frio.** Jefferson convida você a cultivar a humildade: sempre há algo ou alguém com quem aprender, sempre é possível fazer as coisas melhor, questionar o valor e o sentido do que você faz em sua vida pessoal e profissional. É assim que você pode encarar novos desafios, desenvolver habilidades que melhorem sua vida e continuar aprendendo. A humildade anda de mãos dadas com a consciência, porque quem é humilde tem os pés no chão, está enraizado na terra como as árvores e é profundamente fértil, como o húmus, porque nos permite crescer de dentro para fora.

6. **São raras as vezes em que nos arrependemos de ter comido pouco.** Aqui nos referimos à MODERAÇÃO, que é a chave da saúde e da longevidade. Muitos japoneses aplicam a denominada "lei do 80%", ou seja, comem sempre um pouco menos em relação ao apetite que sentem e, graças a isso, têm mais energia e padecem de menos doenças. Uma mente que aprende a ponderar sabe organizar não só aquilo que está à sua volta, também sabe organizar a si mesmo, além de guardar o que é conveniente para o momento adequado.

7. **Nada do que fazemos de boa vontade incomoda.** O entusiasmo que demonstramos, nossa DISPOSIÇÃO, é básica para semear a felicidade. Essa disposição tem muito a ver com a escolha de ter a melhor atitude possível em qualquer circunstância. Essa é a sua última liberdade, como dizia o doutor Viktor Frankl. Talento (aptidão) e disposição (atitude), dois tesouros que você pode desenvolver em si mesmo todos os dias e que acionam a criatividade, a realização e a transformação.

8. **Quanto sofrimento nos causam as desgraças que nunca nos aconteceram?** Uma pergunta provocativa e ao mesmo tempo lúcida. Há pessoas que passam a vida sofrendo por coisas que nunca acontecerão. Vivem em uma neurose de

constante ansiedade antecipatória, prejudicando a si mesmo e prejudicando os demais com seu sofrimento e ansiedade permanente. Muitas vezes sofremos por não viver o AQUI E AGORA, por antecipar cenários catastróficos. A ansiedade então leva à paralisia, nos inunda de medo e falta de sentido, nos deixando incapacitados para construir o presente e o futuro.

9. **Veja sempre o lado bom das coisas.** Falamos da AMA-BILIDADE, que vem de *amar*. A maneira de agir de uma pessoa amável faz dela um ser adorável. Amável é também quem oferece delicadeza, respeito, simpatia e sensibilidade, valores essenciais para criar vínculos de carinho e confiança, algo que as pessoas com Mentalidade da Boa Sorte sabem fazer muito bem.

10. **Quando sentir raiva, conte até dez antes de falar, e se estiver muito bravo, até cem.** Este conselho de Jefferson nos remete à sabedoria das avós, tão essencial e óbvia que muitas vezes acaba sendo ignorada. O valor aqui é a PACIÊNCIA, o caminho real para qualquer grande transformação, bem como para evitar muitas dores desnecessárias. Não nos precipitarmos também nos dá tempo para viver com plenitude. A paciência cria espaços para cultivar a própria paz e a alheia, e se manifesta através da escuta atenta, da conversa amável e da reflexão que nos eleva acima dos problemas mundanos. Brincando com as palavras, *a paciência é a ciência da paz.*

Em resumo, Jefferson nos dá dez princípios práticos, dez incentivos para fazer com que a vida seja mais agradável para nós e para os demais. Mas não se trata apenas de compreendê-los, mas de praticá-los, como tudo que está nessas páginas. Não há transformação sem ação. Para ativar sua MBS é necessário tirar os ensinamentos do papel e agir.

EXERCÍCIO PRÁTICO

O "carnê da paciência"

1. Seguindo o exemplo de outro homem-chave na história dos Estados Unidos, Benjamin Franklin, sugiro que você dedique uma semana praticando a fértil arte da paciência.

2. Pegue um pedaço de papel, ou um caderno, e divida-o em sete seções verticais, uma para cada dia da semana. Será o seu "Carnê da Paciência".

3. Demonstre todos os dias da semana sua paciência através de um fato claro e comprovado. Quando conseguir, coloque um "visto" ou um "ok" nesse dia.

4. Se conseguir completar o seu "Carnê da Paciência", pode abordar outro valor na semana seguinte. Este método simples e sistemático te permitirá alcançar grandes melhorias em sua vida.

12. SONHAR COM NOVAS POSSIBILIDADES

Você não é apenas *aquilo que faz*. Você também é *aquilo que sonha*. Primeiramente suas conquistas fazem parte de uma fantasia, mas você pode permitir-se realizá-las.

A priori, os obstáculos que surgem em seu caminho muitas vezes não dependem de você, mas a capacidade de sonhar e realizá-los, sim.

Quando crianças, não conseguimos parar de imaginar e fantasiar. É algo natural em nossa mente livre e criativa. Porém, à medida que amadurecem, muitas pessoas apagam essa capacidade de forma inconsciente, e tudo aquilo que está além da sua zona de conforto é chamado de utopia.

Uma fábrica de possibilidades

A mente é uma fábrica de possibilidades muito poderosa, pois direciona o que sentimos, pensamos e fazemos. Nossa parte racional ou inconsciente nos ajuda no dia a dia na tomada de decisões, embora às vezes seja essa metade analítica que pode nos confinar ao conformismo.

Por sua vez, a metade inconsciente da mente nos ajuda na tarefa de levar uma vida feliz, porque responde à intuição: funciona como uma vitrine para nossos verdadeiros desejos e propósitos. O inconsciente pode atuar como um instigador em nossa vida, já que com seus estímulos e pistas nos avisa e convence de que vale a pena tentar.

Afinal de contas, o que é sonhar? É *abrir a mente à novas possibilidades*, à oportunidade que aparece como um novo horizonte. Sonhar requer deixar o medo e a exaustão de lado para se aventurar na mudança.

Percepção e nova realidade

Os pais da psicanálise, Sigmund Freud e Carl Gustav Jung, foram os primeiros a colocar o inconsciente no centro de nossas tendências. Para Freud, a interpretação dos sonhos tornou-se o caminho de acesso para essa parte de nossa mente.

Carl Gustav Jung dizia que a intuição só é ilusão se não agimos. Intuição sem ação é ilusão. Intuição com ação é aprendizado e transformação. Em suas próprias palavras: "Ninguém se torna iluminado por imaginar figuras de luz, mas por tornar consciente a escuridão... aquilo do qual não temos consciência se manifesta em nossas vidas como destino".

Aliás, boa parte da sua vida depende de sua vontade de tornar seu inconsciente consciente. Se você se perguntar por que sempre tropeça na mesma pedra, em uma repetição que considera absurda, poderá pedir explicações, precisamente, ao seu inconsciente. E para fazer isso é importante questionar a si mesmo, pedir ajuda se necessário a alguém que te conheça bem, te ame e te ouça sem julgá-lo, para que possa ver os mecanismos inconscientes que te fazem tropeçar repetidamente na mesma pedra. Pedir ajuda psicológica também pode ser muito útil e revelador.

O cantor, compositor e poeta Facundo Cabral nos advertia, com certo humor, que um diálogo positivo com nosso inconsciente nos salva de tropeços: "Não diga não posso nem de brincadeira, porque o inconsciente não tem sentido de humor, ele o levará a sério, lhe fará lembrar toda vez que você tentar". É um bom aviso para os navegantes: devemos sonhar muito e melhor.

Joe Dispenza, especialista em neurociência e neuroplasticidade, afirma que o cérebro está programado segundo as experiências do passado, e que, se queremos deixar os círculos viciosos de lado e criar uma realidade nova, temos que visualizar primeiro o que queremos conseguir. Se você visualiza algo repetidamente, acabará criando neuro-circuitos que transformarão e moldarão seu cérebro para atuar de maneira diferente no futuro.

Anote e observe

Vamos passar à prática. Para converter o inconsciente em consciente é necessário estar consciente daquilo que está acontecendo no plano mental. Seria equivalente a consultar um mapa antes de embarcar em uma viagem para não correr o risco de nos perdermos.

Vejamos três formas de como fazer isso:

* **Anote o que sonha de olhos bem abertos.** O que você deseja fazer em sua vida pessoal e profissional? Onde e como você se imagina daqui a seis meses / um ano / três anos? Que desafios você está disposto a superar no caminho? Que caminhos não explorados você quer percorrer? Que novas atitudes vai adotar? Que novos conhecimentos e aprendizados você deve adquirir? Onde e com quem você vai praticar?

* **Anote também as sensações ou ideias desconexas que surgem em momentos de distração e que têm a ver com seu desejo e visão.** Se, por exemplo, você está no banho e tem uma ideia relacionada ao seu desejo, assim que sair da água, grave-a em seu celular ou anote-a em um papel. Principalmente se sentir que causa em você um impacto emocional. As ideias que chegam de maneira inesperada costumam ser janelas abertas de seu inconsciente e podem oferecer pistas muito interessantes que facilitem seu caminho. Escreva-as automaticamente, ou seja, não pense muito. Deixe fluir. Apenas anote e depois as reveja.

✳ **Observe as sincronicidades.** Carl Gustav Jung afirmava que quando se começam a produzir muitas sincronicidades – casualidades significativas – em nossa vida significa que uma grande mudança se aproxima. Uma sincronicidade acontece quando você vive uma coincidência entre um conteúdo mental (uma ideia que surge, um pensamento que aflora, uma emoção ou também um sonho) e um acontecimento real. Por exemplo, você anda pela rua pensando em alguém e ao virar a esquina dá de cara com ela de repente. Outro exemplo: você vai a uma livraria comprar um livro que te ajude a melhorar sua autoestima, e ao passar pelos corredores da livraria vê o livreiro derrubar um livro no chão, enquanto acomoda uma pilha de livros na estante, você olha o título e vê que o livro é sobre autoestima. Por isso, é importante estar atento às coincidências que são significativas para você, ou seja, quando isso acontece, sua pele fica arrepiada, ou você fica em estado de choque porque sente que não foi por acaso, já que para você tem um significado poderoso.

Parece que as sincronicidades às vezes nos dizem que estamos em um bom caminho e outras vezes nos indicam que vamos por um caminho equivocado. Eu vou te contar uma experiência que uma amiga passou ao sair com um homem que conheceu através de um aplicativo de namoro. Após um mês que estavam saindo, ela ainda se sentia meio confusa em relação a ele. Começou a perceber que seu novo companheiro escondia muito o celular e às vezes se afastava dela para falar, argumentando que eram assuntos de trabalho e que precisava de espaço e silêncio. Um dia essa minha amiga combinou de tomar um café com uma grande amiga sua e comentou que tinha dúvidas em relação a esse seu novo companheiro. Acabou que a tal amiga comentou que também tinha conhecido um homem em um aplicativo e estava muito animada. Quando ela mostrou a foto, minha amiga viu a imagem de seu "companheiro", e nesse momento ambas perceberam qual era a intenção desse homem: sair com as duas (e certamente com várias outras) para fazer sexo, basicamente. Então as sincronicidades podem se manifestar em coincidências ou sinais que te estimulem, mas também que te salvem de se meter em um problemão.

Por sua vez, Joe Dispenza explica o seguinte ao se referir às sincronicidades favoráveis: "A experiência da sincronicidade é uma alienação entre nosso mundo interior e exterior. O sinal claro de emoção, energia, entusiasmo e surpresa dos acontecimentos é o que inspira a continuar tentando, a acreditar e confiar em um resultado maior, o que consequentemente aguça nossa capacidade para criar".

No exercício seguinte, irei sugerir uma série de passos para acelerar o progresso de seus sonhos rumo à realidade.

EXERCÍCIO PRÁTICO

Seis incentivos para realizar seus sonhos

1. Comece imediatamente. Não se dê a oportunidade de adiar seus sonhos. Quando estiver encaminhado, tudo será muito mais fácil do que você imaginava.

2. Pense grande e olhe longe. Não desanime de primeira. Bertie Charles Forbes, um jornalista financeiro escocês que fundou a revista que agora tem o seu nome (Forbes), afirmava que os vencedores que mais se destacavam costumam encarar obstáculos desalentadores antes de vencer. O sucesso de cada um deles se deve ao fato de se recusarem a desanimar com suas derrotas.

3. Chega de desculpas. Elimine-as de seu dicionário mental. Cada vez que se surpreender usando uma desculpa, imagine-se apertando a tecla DELETE.

4. Seus sonhos devem ser traduzidos em metas "SMART". É possível que você se pergunte por que utilizo o termo em inglês que significa "inteligente" ou "esperto", bem, porque esse conceito é usado como um acrônimo das cinco qualidades necessárias para se atingir uma meta:

- ❀ S de Specific, em inglês, que significa ESPECÍFICA. Você deve especificar.
- ❀ M de MENSURÁVEL. É necessário saber a que distância você está da meta a ser alcançada.
- ❀ A de ALCANÇÁVEL para você neste momento da sua vida.
- ❀ R de RELEVANTE. Deve ressoar em você e fazer a diferença.
- ❀ T de TEMPORAL. Com data de início e de conclusão.

Resumindo essas cinco condições, um objetivo SMART tem que ser o mais concreto possível. Precisa saber quanto tempo levará para alcançá-lo, com que investimento e equipamentos. Deve ser aceitável para você neste momento de sua vida, sem pular etapas, e ser significativo o suficiente para você, de modo que a chama não se apague pelo caminho. Quanto ao prazo, continuará sendo apenas uma ideia se você não começar já.

5. Estabeleça sua meta com uma linguagem proativa. A programação neurolinguística (conhecida também por seu acrônimo PNL) inclui um conjunto de ferramentas e técnicas para pensar, sentir e atuar de forma eficaz em nossa vida pessoal e profissional. Graças a ela, podemos entender muito melhor nossos processos emocionais e mentais. A PNL trabalha, entre outras coisas, com a linguagem que utilizamos para nos comunicarmos.

Também na hora de planejar. Não é a mesma coisa usar fórmulas do tipo "Estou fazendo" e "Gostaria de fazer". Quando você diz "Gostaria", "Tomara" ou "Queria", você expressa uma intenção sem ação, que não deixa de ser a proclamação de uma intenção rasa, uma certa falta de compromisso. Porém, se você disser "Estou fazendo", já é um compromisso real e tangível. Por isso é tão importante revisar como você fala consigo mesmo, porque a partir de um ponto de vista psicológico, a diferença é enorme. Tanto se você escreve o seu plano como se conta aos demais ou se o conta para si mesmo, garanta que a linguagem usada seja fiel às suas intenções.

6. Trace um mapa de ação. Novamente, quanto mais concreto e detalhado for o seu plano, mais próximo estará de realizá-lo. Você precisa saber tudo que requer para que sua ideia se torne realidade: prazos, tarefas necessárias, finanças, formação, contatos, colaboradores etc. Assim como as diferentes ações que realizará de forma gradual, já que uma levará a outra. Para melhorar a sua motivação, vale tentar visualizar o resultado desejado, também será bastante útil traçar um mapa pessoal que o guie ao resultado desejado, com cada etapa delimitada, os possíveis perigos e obstáculos, assim como os indicadores de que está avançando rumo ao caminho certo.

13. O MELHOR ESTÁ POR VIR! (MAS, POR PRECAUÇÃO, VÁ EM FRENTE)

A afirmação positiva que dá o título deste capítulo se complementa com a ação sem desculpas proposta por William James. A vontade de agir entra no terreno de *resolver*, um verbo de caráter proativo que significa:

1. Encontrar a solução para um problema.
2. Escolher entre várias opções.
3. Terminar algo ou ter um resultado claro.
4. Concluir o que começou.

São quatro formas muito eficientes de aplicar sua Mentalidade da Boa Sorte.

Suas possibilidades disparam quando você opta por solucionar, escolher, fazer e concluir. Não é à toa que a palavra resolver está relacionada a vários outros termos claramente benéficos para seus planos e projetos: *resolução, solução, esforço...* Acontece que, etimologicamente, o verbo *resolver* vem do vocábulo latino *resolvere*, que significa "desatar", "liberar", "desbloquear".

Porque *aquilo que você não resolve te amarra, te bloqueia, te deixa preso, te faz parar.*

O que você precisa para resolver, desatar, nesse momento da sua vida?

Muitas pessoas não são resolutivas porque estão presas ao passado, onde frequentemente a tristeza, a culpa, a perda e o fracasso mal digerido residem.

Outras estão presas a um futuro no qual a angústia antecipatória é a protagonista, que só causa medo, ansiedade e dúvida diante de cenários catastróficos.

Portanto, concluiremos que *a resolução sempre está no agora.*

Intenção e desorientação

Sonhar e projetar não são suficientes. Ter a intenção de fazer algo sem agir se chama ilusão. Infelizmente, há pessoas que veem a vida passar e perdem seu tempo em preparativos contínuos, sem nunca chegar a concretizá-los.

Uma baixa autoestima, o medo da mudança ou do fracasso, as crenças limitantes ou a má gestão dos projetos podem causar essa paralisia existencial.

Há quem acredite que o excesso de informação ajuda a prevenir e a enfrentar qualquer problema, sendo que muitas vezes é o que nos detém. Apenas a ação concreta e focada irá nos tirar desse limbo.

No extremo oposto estão aqueles que fazem sem pensar, aqueles que se precipitam sem entender, aqueles que dão tiro no escuro sem planejar o caminho rumo aos seus sonhos, aqueles que agem sem considerar as consequências de seus atos e depois se sentem decepcionados pelo seu "azar".

São casos claros de desorientação: *a ação sem intenção é tão inútil como a intenção sem ação.*

Por que os propósitos fracassam?

Segundo um estudo da Universidade de Scranton, nos Estados Unidos, apenas 8% das pessoas realizam seus objetivos. Ao que se deve esse índice de fracasso? A pesquisa indica cinco motivos:

1. *Dedicar-se a muitos objetivos ao mesmo tempo.* Assim você perde o foco e se dispersa.

2. *Adiar, postergar* constantemente até que o plano pareça secundário ou impossível.

3. *Priorizar sempre aquilo que é urgente,* e não importante. O grande especialista em liderança Stephen Covey afirmava que "o urgente" costuma ser importante para os demais, mas não para si mesmo. E o problema de querer resolver uma questão urgente atrás da outra, é que aquilo que é importante, os objetivos pessoais, vão se afastando de sua vida até se tornarem algo inalcançável.

4. *Conformar-se com o que é aparentemente seguro e familiar,* influenciado por nosso ambiente ou por nossos temores. É o que chamávamos em um capítulo anterior de *paz barata.*

5. *Esquecer a recompensa.* No caminho em direção aos seus sonhos, é muito importante que você se lembre com frequência porque está fazendo isso, quais recompensas o aguardam no final.

O que você pode colocar em prática ante a paralisia e a desorientação? Eu vou propor a você uma atividade prática antes do exercício final.

Escrever, filtrar, escolher

Em termos de propósitos, a palavra escrita tem muito mais força que um pensamento carregado de boas intenções. Como venho dizendo em capítulos anteriores, o que você escreve já não pode escapar do papel nem da sua mente, porque você pode relê-lo, recuperá-lo e recordá-lo quantas vezes quiser. As ideias são voláteis, se evaporam com facilidade, mas as ideias escritas são como a fotografia de seus pensamentos. Aquilo que você escreve em um papel pode adquirir a força e o compromisso de um contrato. Vamos lá:

1. **Concretize o que quer alcançar.** Escreva o que deseja, como deseja, o quanto deseja e quando deseja. Coloque datas, procure um mentor se for necessário e comece a trabalhar.

2. **Trabalhe com a gratidão.** Comece valorizando o que você já tem, dedicando um minuto por dia escrevendo: "Agradeço três coisas neste momento da minha vida: _____, _____ e _____". Além disso, lembre-se de que a prática da gratidão eleva sua consciência, melhora seu humor, melhora seu estado de ânimo e sua saúde em geral. A gratidão é milagrosa!

3. **Aja como se já tivesse conquistado!** Além de ser proativo e seguir um plano, visualize a conquista daquilo que você se propõe como se já tivesse conquistado. Isso o ajudará a derrubar muros mentais.

EXERCÍCIO PRÁTICO

Os três desafios

Nesse exercício, convido você a enumerar três desafios que no passado você considerou impossíveis, mas que finalmente conseguiu realizá-los, superou-os com sucesso e agora, vendo-os com perspectiva, percebe que esses "falsos impossíveis" eram uma fantasia, uma falsa crença em sua mente, já que finalmente você conseguiu, os superou! Desses falsos impossíveis, você extraiu grandes aprendizados.

1° FALSO IMPOSSÍVEL: _____ / FIZ DESTA FORMA: _____

2° FALSO IMPOSSÍVEL: _____ / FIZ DESTA FORMA: _____

3° FALSO IMPOSSÍVEL: _____ / FIZ DESTA FORMA: _____

A seguir, escreva três situações ou desafios que atualmente você considera impossíveis de superar:

1°_____

2°_____

3°_____

Para terminar, comece a procurar para cada "impossível" um caminho possível a partir de sua experiência. Aventure-se a visualizar como fará isso e FAÇA!

14. "LEVEI DEZ ANOS PARA FAZER SUCESSO DA NOITE PARA O DIA"
(WOODY ALLEN)

Longânimes, resilientes, perseverantes..., as pessoas com Mentalidade da Boa Sorte são sonhadoras, proativas e têm metas claras. Cumprir desafios é um esporte para elas.

Você pode ser uma criadora ou um criador da Boa Sorte se acredita que é possível, se se responsabiliza pelo seu destino com imaginação, tenacidade e paciência. Se você tiver coragem suficiente para agir com decisão, apesar do medo. Se assumir que a sua realização, em todos os níveis, é a maior aventura que pode realizar neste mundo.

A citação que dá título a este capítulo é de alguém que teve que se dedicar muito, como vemos em sua biografia *A propósito de nada,* antes de chegar a dirigir filmes que marcariam uma época.

Você encontrará a mesma atitude em atletas de elite, inventores, cientistas, assim como em qualquer pessoa que cria algo que marca um antes e um depois, em sua vida e na dos demais.

Persistência e perseverança

Dizem que Edison repetia este mantra: "Aqueles que dizem que algo não pode ser feito são geralmente interrompidos por aqueles que estão fazendo". E é verdade. O talento e o conhecimento diferencial, tudo aquilo que agrega valor, requer, por um lado, muita perseverança e, por outro, um olhar distinto à realidade.

O que torna alguém um gênio não é apenas as habilidades inatas que possa ter, mas também uma vontade extraordinária de romper muros e conquistar o que foi proposto.

O gênio tem a capacidade de tornar óbvio o que até o momento estava oculto e ao mesmo tempo era evidente. Porém, há um ingrediente a mais. Se analisarmos as biografias de Leonardo da Vinci, Madame Curie, Nicola Tesla, Albert Einstein ou Alan Turing, dando apenas alguns exemplos, entenderemos até que ponto perseveraram naquilo que pretendiam.

E vale lembrar que apesar do sucesso ser a primeira coisa que nos vem à mente quando os mencionamos, não devemos esquecer que eles também tiveram que se esforçar muito para chegar aonde chegaram. Progrediram graças à tentativa e ao erro, à preparação e aos erros constantes, à sua tenacidade e à sua grande fé em realizar aquilo que foi iniciado.

Pablo Picasso deixou bem claro: "Para que a inspiração chegue, não depende de mim. A única coisa que posso fazer é garantir que ela me encontre trabalhando".

A lição do bambu japonês

Um requisito prévio para viver oportunidades incríveis é ser perseverante. *Tempo, esforço, paciência e constância.* Entender que o progresso, por mais lento que seja, ainda é um progresso.

Hesíodo, o historiador romano, disse o seguinte: "Se acrescentas pouco a pouco, mas com frequência, logo esse pouco passará a ser muito". A ideia também se reflete em um famoso relato sobre a história de um bambu japonês que quero relembrar aqui:

> Há algo muito interessante que acontece com o bambu japonês e que nos ensina uma importante lição.
>
> Quando um agricultor planta uma semente dessa árvore, o bambu não cresce imediatamente, por mais que seja regado e fertilizado regularmente. Aliás, o bambu japonês não sai à superfície durante os primeiros sete anos.
>
> Um agricultor inexperiente pensaria que a semente é estéril, mas para nossa surpresa, após sete anos, o bambu pode crescer mais de trinta metros em apenas seis semanas.
>
> Então, quanto tempo poderíamos dizer que demorou para o bambu crescer? Seis semanas? Ou sete anos e seis semanas?
>
> Seria mais correto dizer que demorou sete anos e seis semanas. Por quê? Porque durante os primeiros sete anos o bambu se dedicou a desenvolver e fortalecer suas raízes para poder crescer rápido e forte em apenas seis semanas. Além disso, se deixarmos de regá-lo ou de cuidar dele em algum momento nesses primeiros sete anos, o bambu morre.

Se você quer que o seu crescimento seja rápido e sólido, primeiro é necessário ter base, boas raízes, e essas raízes são uma boa preparação e formação, experiência e aprendizado de seus erros, fazer com que seu sofrimento seja produtivo, humildade (lembremos, vem de húmus) para viver com os olhos abertos – porque a vaidade cega, mas a humildade revela – e a ação de melhoria constante. As boas raízes sustentam um desenvolvimento rápido e sólido, ambos ao mesmo tempo. Sem raízes não há asas.

Você, com sua MBS, é e será como o bambu: não desistirá de suas metas e não se desesperará quando o resultado não chegar com rapidez. Sabe que é necessário TEMPO para fortalecer as raízes de seu projeto para que ele possa crescer com força graças a essas boas raízes.

EXERCÍCIO PRÁTICO

Regue e fertilize suas raízes

1. De que forma você precisa se preparar para realizar o que deseja nesse momento da sua vida?
2. Que mestres ou mentores podem nutrir você nesse sentido?
3. Que cursos e livros darão uma base forte para que você possa crescer?
4. Organize um plano de formação pessoal que o capacite para realizar o que pode parecer um sonho.

(Não perca a oportunidade de escanear o código QR. Lembre-se de que você tem trinta lições extras e outros presentes completamente gratuitos que o esperam em minha Escola Humanista, www.alexroviraescuela.com, pela qual já passaram milhares de pessoas que experimentaram uma mudança muito positiva em suas vidas graças a essa experiência.)

15. Aplique a
regra DSC

Todos nós sabemos que é mais fácil dizer algo do que fazer. Por esse motivo, em *Mentalidade da Boa Sorte* quero convidá-lo a passar das palavras aos fatos, às ações, de modo que seus atos falem muito mais do que suas palavras.

Uma receita interessante e eficaz para passar da teoria à prática foi concebida pelo professor de psicologia Phil Daniels. A chamada regra DSC, acrônimo que significa "Deixar de fazer, seguir fazendo e começar a fazer", nos recomenda um processo para controlar cada passo da ação que estamos à procura.

Graças a três perguntas muito concretas que só podem ser respondidas com afirmações diretas, podemos nos focar nos fatos e nas ações, em vez de ficarmos no nível mental das boas intenções.

A regra de Daniels se baseia nestas três perguntas:

O que deveria deixar de fazer?
O que deveria seguir fazendo?
O que deveria começar a fazer?

O que é revelador neste método simples é que você assume o papel de protagonista da sua aventura, questionando sua própria capacidade de ação e correção.

Ao deixar de fazer o que não te convém, você desativa o autoboicote e libera espaço e energia para ações decisivas para o seu futuro.

Continuar fazendo o que faz bem aumenta sua maestria e aproxima você do seu objetivo. O conceito de *Kaizen*, que engloba um processo de melhoria contínua, sintetiza muito bem essa ideia.

Introduzir novos hábitos e iniciativas mudará a médio prazo a sua situação.

Vamos explorar um pouco mais esses pontos.

Primeiro passo:
Deixar de fazer

Muitas vezes, o mais útil que podemos fazer é eliminar os obstáculos e erros que causam distração e diminuem o foco para aquilo que desejamos realizar.

Deixar de fazer o que não te beneficia, abandonar o supérfluo, te permite aproveitar melhor o tempo. E se você administra melhor o seu tempo e seus esforços, terá os recursos necessários para otimizar a sua vida.

A famosa Lei de Pareto pode te ajudar nisso, o economista italiano que há mais de um século já apontava que *80% dos resultados são produzidos por 20% das causas.*

Para desenvolver sua MBS, é muito útil perguntar-se:

* Quais são os 20% das pessoas que mais agregam valor à minha vida? Passe mais tempo com elas e reduza o tempo gasto com os 80% restante.

* Quais são os 20% das atividades que me dão mais satisfação? Dê prioridade e espaço a elas em seu dia a dia.

* Quais são os 20% de lazer que me trazem inspiração, aprendizado e valor? Elimine o resto das experiências que não compensam o tempo ou dinheiro que investe nelas.

Segundo passo:
continuar fazendo

Um fato em relação ao caminho para se alcançar o sucesso é que é mais fácil chegar do que se manter lá. É o que dizem os grandes artistas, e esta verdade também se aplica ao nosso dia a dia.

O que você faz bem, mas não faz frequentemente? O que aconteceria se você ampliasse a proporção daquilo que faz de melhor e o que lhe traz mais satisfação?

Um exemplo claro são os relacionamentos. Frequentemente as pessoas se esforçam para conquistar a pessoa desejada, mas depois a falta de atenção no dia a dia faz com que a relação acabe se desgastando.

Em relação a isso, vamos recorrer a Philip Zimbardo, psicólogo social da Universidade de Stanford, que trouxe à tona em 1969 uma experiência reveladora da qual foram tiradas valiosas conclusões graças também ao trabalho de James Wilson e George Kelling.

A chamada *Teoria das janelas quebradas* afirma que, se um dano não for corrigido logo, acaba se espalhando para outras áreas. Os investigadores comprovaram através de uma experiência realizada na rua, que se um carro com a janela quebrada for deixado ali, os vândalos continuam o trabalho, independentemente do bairro onde o carro se encontra.

Por quê? Porque está transmitindo a mensagem: "Aqui ninguém cuida disso, isso está abandonado e pode ser roubado".

Se um árbitro permite uma pequena transgressão em uma partida, é provável que apareçam cada vez mais ações violentas até que o jogo se torne um inferno.

Se você não cuida de uma relação e começa a deixar de lado os pequenos detalhes, é possível que ela se desgaste mais rápido.

A lista é interminável.

Em resumo, continuar fazendo deve incluir a reparação de qualquer fissura ou janela quebrada, para que nosso projeto vital não se rompa em pedaços.

Terceiro passo: começar a fazer

Acredito que o *destino é aquilo que nos acontece se não fizermos nada para evitá-lo*. As pessoas que não assumem responsabilidades e deixam tudo nas mãos do acaso ou das circunstâncias sempre se deixam levar.

Criar a Mentalidade da Boa Sorte implica, neste terceiro passo, saber o que você não está fazendo, mas que se fizesse, se introduzisse no seu dia a dia, porque está ao alcance de suas mãos e das circunstâncias, poderia mudar a sua vida. Isso pode ser abordado em todos os níveis:

* Qual atitude me falta para dar um salto de qualidade em minha vida?
* Quais hábitos das pessoas de sucesso eu posso incorporar?
* Quais aprendizados e contatos podem me ajudar em meu propósito?

EXERCÍCIO PRÁTICO

Peça *feedback*

Em seu livro *Ikigai*, meu amigo Francesc Miralles e Héctor García complementam a regra que acabamos de ver com esta proposta para obter um *feedback* útil, que permite melhorar a própria vida. Da seguinte maneira:

1. Peça seu *feedback* a pessoas que você admira e que entendem do assunto melhor que você.
2. Ignore as críticas das pessoas que você não conhece e que sabem menos que você do assunto.
3. Faça com que a outra pessoa se sinta honrada ao te dar um *feedback*. Reconheça aqueles que o ajudam.
4. Para concretizar o *feedback* de um trabalho ou projeto, você pode fazer essas quatro perguntas:
    - Você pode me dizer o que menos gosta? Não vou ficar bravo.
    - E por que você não gosta?
    - O que você mais gosta?
    - E por que você gosta?

Se a pessoa não disser exatamente por que gosta ou não gosta de algo em seu trabalho ou projeto, esqueça. Não é um *feedback* útil porque não especifica os motivos da sua avaliação.

16. A MENTIRA
E O ERRO

Para desenvolver sua Mentalidade da Boa Sorte é fundamental não confundir erro com mentira. Já vimos que com o erro adquirimos experiência, aprendizado, realização e transformação. Já quando mentimos, ficamos presos em um labirinto.

O erro nunca deve ser considerado um incômodo: o que te debilita é a mentira. E, apesar de errar e mentir serem coisas bem diferentes, frequentemente andam de mãos dadas. Várias vezes, por não querer encarar o erro e consertá-lo, resolvê-lo e pedir desculpas, você pode entrar nas areias movediças da mentira, que aparece para mascarar, manipular ou negar esse erro.

Imagine que você comete um erro num determinado projeto, seja por falta de critério, preparo, experiência ou habilidade. Talvez você entre em pânico num primeiro momento, com o orgulho ferido, ou simplesmente não queira encarar uma situação que o coloque no centro das atenções. Inclusive, sabendo que se assumir humildemente que errou, você não será apenas desculpado, mas terá a oportunidade de reparar o erro, aprender algo e melhorar.

Aliás, *ser honesto ao admitir o erro é um caminho rápido para melhorias.* Daí se conclui um dos melhores métodos de aprendizado que existem, como mostra a ciência, o chamado "tentativa e erro". Ao reconhecer que se equivoca porque está aprendendo, treinando, com humildade e honestidade, você cresce, aprende e adquire novas capacidades.

Como dizia Bruce Lee: "Erros são sempre perdoáveis se você tiver coragem de admiti-los".

Erros que deram certo

O que seria da medicina atual sem o erro daquele que recebeu o prêmio Nobel, Alexander Fleming? Recordemos que foi ele quem descobriu o antibiótico mais famoso do mundo, a penicilina, por ter se esquecido de limpar seu laboratório antes de sair de férias.

Fleming estudava o cultivo de bactérias de estafilococo no hospital londrino de Saint Mary's, e, por descuido, deixou uma placa que continha essas bactérias perto de uma janela aberta. Ao voltar de suas férias, as bactérias estavam contaminadas por um mofo: os fungos de Penicilina, base do medicamento que ajudaria a curar infecções em milhões de pessoas.

Art Fry, funcionário de uma empresa química, viveu a experiência de como o erro de um homem pode ser a oportunidade de outro. Esse modesto funcionário encontrou um lote de colas defeituoso que não colava o suficiente e que, portanto, seria destruído.

Diante daquele material defeituoso, Fry soube ver a oportunidade para resolver um problema que tinha com o coral da igreja. Como tinha dificuldade para encontrar os cânticos com rapidez, ele teve uma ideia: com aquela cola defeituosa e uns papéis recortados criou os primeiros post-its para seu uso pessoal.

Um dia usou um daqueles post-its caseiros para um relatório interno na empresa. Entusiasmados com esses papeizinhos que colam e descolam, seus companheiros pediram que levasse mais para suas anotações. Quando a invenção foi notada pelos executivos da empresa 3M, o produto foi lançado com um enorme sucesso. Atualmente pode ser encontrado nas empresas e escritórios do mundo todo.

Essa inspiradora história real é apenas uma amostra de como a alquimia pessoal pode transformar um erro em oportunidade.

O mentiroso deve ter boa memória

Estes exemplos nos ensinam a parte positiva, a inflexão providencial que pode levar ao erro. Porém, a coisa se complica quando se trata de ocultar, mascarar ou negar o erro. É aí que a mentira aparece. E com a mentira, o erro se transforma em manipulação.

Para encobrir um erro a mentira abre a porta para falsas desculpas, ocultações, deturpações, acusações, orgulho, negação da realidade e tantas outras perversidades. E esse tipo de *erro* (a mentira e suas derivadas) tem consequências graves tanto para quem a conta como para quem a recebe. A mentira contamina a mente de seu emissor e de seus receptores. Afasta ambos da realidade e das verdadeiras soluções.

Além disso, quem comete um erro, mas não tem coragem de admiti-lo, pode acabar construindo castelos de mentiras, pois cada mentira precisa do apoio de muitas outras mentiras. E assim se constroem os enormes castelos de cartas que são mentiras. Seu equilíbrio é quase impossível, extremamente frágil. E um simples sopro de verdade pode derrubá-lo em um instante. Como diz a expressão latina "Mendacem esse oportet": é preciso que um mentiroso tenha boa memória. E tudo se transforma em sofrimento e debilidade. Tanto que muitas pessoas se afundam porque não admitem seus erros e se refugiam em montanhas de mentiras que as acabam enterrando.

Um exemplo extremo disso é a história real contada por Emmanuel Carrère em *O adversário*, em que um falso médico assassina a família inteira antes que descubram que sua vida é uma farsa.

Para não confundir o erro com a mentira, é necessário ter consciência e educação emocional. Errar é humano, como diz o ditado, até divino, se nos comprometermos a evoluir e melhorar a partir disso.

Não tenha dúvidas, a mentira te destrói, a verdade te liberta. E os fundamentos da Mentalidade da Boa Sorte se constroem baseados no amor e na verdade: em sua profunda honestidade consigo mesmo, com os demais e com a vida.

EXERCÍCIO PRÁTICO

Elabore seu histórico de fracassos

Nos Estados Unidos, é costume incluir erros e fracassos no *curriculum vitae* na hora de se candidatar a um emprego, já que é considerado um valor que proporcionou bons aprendizados à pessoa. Seguindo essa mesma filosofia:

1. Escreva em um papel aquilo que você considera os dois grandes erros de sua vida.

2. Que falta ou inexperiência levou a cada erro?

3. E o que você aprendeu com cada erro?

4. De que maneira esses erros fizeram de você uma pessoa melhor?

17. A INVEJA É ADMIRAÇÃO DISFARÇADA DE FRUSTRAÇÃO

No meu primeiro livro, *A bússola interior*, escrevi que às vezes os intrépidos, aqueles que se arriscam, quebram as regras, são do contra, fazem as coisas de maneira diferente, que se permitem olhar de uma maneira diferente, escutam a verdade, vivem sua vida e permitem que os demais vivam a sua... são chamados de "inconscientes".

Para mim é absurdo que recebam esse rótulo, já que provavelmente são os mais conscientes, aqueles que estão mais em contato com seu verdadeiro "Eu" e se sentem à vontade para expressá-lo.

Sem consciência não é possível cultivar sua Mentalidade da Boa Sorte.

Tóxico ou nutritivo

Karl Albrecht, em seu livro *Inteligência Social*, distingue entre comportamentos tóxicos e comportamentos nutritivos. Os primeiros correspondem às pessoas que criticam, invejam, se comparam ou talvez até mintam para não demonstrarem estima, admiração e reconhecimento das capacidades dos outros.

Em contrapartida, Albrecht enumera cinco características que identificam as pessoas nutritivas:

1. São capazes de captar e de entender os demais: estão cientes da situação.
2. Dispõem de recursos verbais e não verbais para se comunicarem de maneira fluida e eficiente.
3. São honestas, abertas e autênticas.
4. São claras ao expressar e transmitir ideias e ações.
5. São empáticas e estão dispostas a cooperar.

Com quais desses atributos você se identifica?

Quem critica confessa

Esta frase é de Baltasar Gracián e não poderia ser mais certeira. O hábito de criticar intoxica o protagonista e intoxica os demais. Como comenta Dale Carnegie em seu clássico *Como fazer amigos e influenciar pessoas*, reclamações e críticas não servem para melhorar nem para tornar ninguém melhor. Principalmente quando se esconde por trás do azar. Como afirma meu querido amigo Antoni Bolinches: "Criticar os demais não nos torna seres melhores".

Quantas vezes já ouvimos que as vitórias de outros se devem ao acaso, assim como nossos próprios fracassos se devem ao azar? Esse tipo de comentários são os que deram título a este capítulo: sentir inveja de uma pessoa é, no fundo, sentir admiração por ela, porém, amargurada pela frustração de não ter conquistado o mesmo.

Agora já sabemos que a Boa Sorte é fruto da responsabilidade e da ação pessoal. Um bom amigo tem em seu escritório um painel no qual, há muitos anos, está pendurado em um papel impresso o poema "Não culpes ninguém" de Pablo Neruda. Gosto de lê-lo quando vou à sua casa, e a última vez que o visitei lhe pedi autorização para tirar uma foto do texto e compartilhá-lo aqui:

Nunca te queixes de nada, nem de ninguém. [...]
Aceita a responsabilidade de edificar a ti mesmo e o valor

de acusar-te no fracasso e voltar a começar; corrigindo-te. [...]
Não te amargures com teu próprio fracasso,
nem culpes a ninguém por isso.
Aceite agora ou seguirás justificando-te como um menino. [...]
Pense menos em teus problemas e mais em teu trabalho,
e teus problemas sem alimento morrerão.
Tu és parte da força da vida.
Agora desperta, caminha, luta.
Decide-te e triunfarás na vida.
Nunca penses na sorte,
porque a sorte é o pretexto dos fracassados.

Se você se comparar, você já perde

Assim como acontece com a crítica, a comparação faz você se desviar do foco. Isso faz com que você perca a energia e o tempo que precisa para criar sua MBS. O problema é que sempre nos comparamos com os que estão acima, com aqueles que estão em uma situação melhor que a nossa, fazendo com que nos sintamos diminuídos em nossa autoestima e confiança.

Há quem cavaria um buraco sob os pés daquele que inveja para se sentir mais alto.

A chave de sua MBS é encontrar dentro de si mesmo o significado que guie seus atos para sua própria realização.

Sobre isso, o poeta francês Jules Romains estabelecia três níveis de consciência dependendo de onde colocamos nossa atenção:

1. Pessoas medíocres falam de outras pessoas.
2. Pessoas comuns falam de coisas.
3. Pessoas inteligentes falam de ideias.

Se você me acompanhou até aqui, não tenho dúvidas de que pertence ao terceiro grupo. Agora, quero saber qual é a ideia a respeito da sua vida que vem ganhando força e como você quer realizá-la.

EXERCÍCIO PRÁTICO

Sua área de controle

1. Esqueça tudo aquilo que os demais fizeram, fazem e possam fazer.

2. Sua área de controle é o que depende de você e pode mudar já. Qual é nesse momento da sua vida?

    Eu vou lhe dar um exemplo: imagine que você deseja fazer uma longa viagem de barco. Que coisas dependem de você?

    * Você pode e deve verificar se o barco está em boas condições e realizar qualquer conserto necessário, caso não esteja.
    * Você pode e deve escolher cuidadosamente os membros de sua tripulação.
    * Você pode e deve escolher os mantimentos e itens de primeiros socorros para a travessia.
    * Você pode e deve ter um mapa detalhado para guiá--lo rumo ao seu destino.

✱ Você pode e deve escolher o momento mais adequado para zarpar, em vez de partir no meio de uma tempestade.

Até aqui, tudo está sob seu controle.

Porém, há coisas que fogem do seu controle, como as mudanças imprevisíveis do clima no meio da viagem, as ondas gigantes ou tempestades repentinas que ameacem sua travessia ou as grandes correntes oceânicas que atrasem ou desloquem sua trajetória.

Nessas circunstâncias, é fundamental agir com prudência e critério, ou seja, manter a calma para tomar decisões sensatas em vez de agregar mais caos ao caos.

Concentre-se sempre naquilo que pode controlar e faça as coisas da melhor maneira possível. Perder seu tempo e energia naquilo que é incontrolável apenas o deixará exausto. Focar naquilo que você deve fazer e pode melhorar o levará à excelência e à felicidade.

18. PESSOAS COMUNS REALIZAM COISAS EXTRAORDINÁRIAS

Somos pessoas comuns, mas não medíocres. Se você está lendo isso é porque caminha rumo à sua realização pessoal através de criar sua Mentalidade da Boa Sorte, porque entende a vida como uma mina cheia de oportunidades.

O que faz com que uma pessoa realize coisas extraordinárias não é um coeficiente intelectual superlativo. Nem ter nascido em uma família com grandes recursos ou ter estudado em uma universidade de prestígio.

Os verdadeiros fatores diferenciais são sua Mentalidade da Boa Sorte, a atitude que você mantém ao longo de sua trajetória e o que está disposto a investir em seu propósito. Isso é o que distingue as pessoas medíocres das fora de série.

A regra das 10.000 horas

Esse é o tempo necessário para alcançar a excelência ideal, segundo explica Malcolm Gladwell em seu livro *Outliers*, traduzido precisamente como *Fora de série*.

Além de expor sua teoria, neste ensaio o jornalista e sociólogo canadense a ilustra com casos de sucesso em diversas disciplinas, desde o esporte até a música ou os negócios.

Gladwell encontra pontos comuns em figuras como Mozart, Os Beatles ou Steve Jobs. Segundo esse investigador, os fatores que contribuem para o sucesso, fazendo com que uma pessoa se torne fora de série, são os seguintes:

* **Escolher o ambiente.** Onde e quando nascemos foge do nosso controle, e o contexto não deixa de ser importante em nossa formação e opções de vida. Porém, podemos mudar o ambiente, assim como fez o escritor português José Saramago ao ser censurado em seu país, estabelecendo-se em Lanzarote.

* **Potenciar o talento.** Todos temos capacidades inatas, mas Gladwell adverte que é necessário estimulá-las e exercitá-las, apenas possuí-las não é o suficiente. Mozart, que foi o exemplo máximo de menino prodígio, começou a tocar e compor peças musicais simples aos cinco anos. Porém, não foi por inspiração divina, mas porque seu pai o ajudou e o motivou.

* **Manter o rendimento seria outro fator determinante.** É aqui onde o autor estabelece, por observação dos casos estudados, sua famosa *regra das 10.000 horas*. Os Beatles, por exemplo, tocaram em bares de Hamburgo por 270 noites, durante oito horas sem descanso todos os dias, antes de seu primeiro sucesso. Somadas às horas que acumularam como músicos desde sua adolescência, esse intensivo lhes permitiu completar sua formação para deslumbrar o mundo.

Malcolm Gladwell disse as seguintes palavras: "Se você trabalhar com esforço, fizer valer seus direitos e usar sua mente e imaginação, poderá moldar o mundo aos seus desejos".

Pequenas grandes habilidades

Sua vida será o que você fizer dela a partir dos hábitos que for capaz de criar. Se prestar atenção nas pessoas que admira, seja no ambiente privado ou público, e se perguntar o que os torna grandes, irá perceber que são excelentes em seu desempenho pessoal e profissional. Verá que são amáveis, detalhistas, perseverantes, às vezes obcecados com a qualidade, que sabem escutar, que não desanimam, que compartilham generosidade e bom humor, que espalham emoções positivas e que praticam a eficácia e a eficiência. Em resumo, você perceberá que se destacam em uma série de habilidades concretas acima da média.

Talvez seja fácil pensar que essas pessoas têm um dom, ou que foram abençoados pela graça divina, ou que sua genética é poderosa. Pode até ser... Mas estou convencido de que são a minoria. A grande maioria das pessoas excepcionais, tanto notáveis como anônimas, que habitam neste mundo são pessoas que são excelentes no exercício de determinadas micro-habilidades.

E o que é uma micro-habilidade? Ouvir com atenção, por exemplo. Saber ter paciência. Ser gentil. Ou saber observar. Outra micro-habilidade maravilhosa é ter curiosidade, ou estar realmente atento ao que o outro nos fala, aos detalhes que nos permite surpreender nosso interlocutor. Outras seriam, por exemplo, preparar-se muito bem para uma reunião, elaborar um bom relatório de trabalho, parabenizar um cliente sinceramente no dia de seu aniversário ou encontrar o momento certo para apresentar uma oferta ou promoção que possa melhorar sua qualidade de vida.

Se olharmos dessa forma, a genialidade ou a excepcionalidade deixam de ser algo mágico, místico ou relacionado com a excelência genética. É grandioso e excelente aquele ou aquela que domina perfeitamente uma soma de pequenos hábitos, de micro-habilidades, porque dedicou tempo para realizá-los.

Vou dar um exemplo bem simples: o ato de um garçom servir café para você. É uma ação que pode ser dividida, resumidamente, nos seguintes passos:

* Ouvir o pedido do cliente.
* Colocar a xícara na cafeteira.

* Apertar o botão do café.

* Acomodar a xícara sobre o pires.

* Acrescentar leite ou não, dependendo do pedido do cliente.

* Acrescentar uma colherzinha de açúcar ou adoçante, dependendo também do pedido do cliente.

* Servir a xícara ao cliente.

* Quando ele tiver terminado, cobrá-lo.

* Despedir-se dele.

Trata-se de uma série de ações básicas, aparentemente muito simples. Mas o curioso dessa situação, acredito que você concordará comigo, é que podemos encontrar quatro tipos de garçom que oferecem experiências bem diferentes ao simples fato de pedirmos um café.

1. Os que são indiferentes, tanto pelo café como pela forma como o trataram. Você deixará o bar ou o restaurante sem qualquer vestígio em sua memória. Esse local e essa experiência não te impactaram nem para o bem, nem para o mal.

2. Os que estragam o momento do café pelo serviço ruim que te ofereceram: lentidão, parcimônia, sujeira, desleixo, grosseria, falta de educação. Portanto, além de você não voltar (a menos que não tenha outra opção porque não há outras cafeterias por perto), você não indicará o lugar se pedirem a sua opinião.

3. Os que estragam esse momento, mas nesse caso porque o café é intragável, horrível em sabor e aroma. Assim como no caso anterior, você deixará de ser um cliente e, se te perguntarem, dirá como o produto dali é ruim.

4. Finalmente, os que fazem você mudar de humor e provocam o prazer de um café delicioso, o encontro com um ser humano agradável, gentil e excelente profissional. Aqui, sem dúvida, você voltará. Além disso, pode chegar a indicar o local a amigos, familiares, colegas de trabalho ou pelas redes sociais.

Com qual deles gostaríamos de encontrar sempre pelo mesmo preço? Com o garçom da quarta opção, sem dúvida. Como clientes nos tornamos fiéis desse garçom amável e gentil que nos acolhe com boa vontade, capricho e alegria, nos oferecendo momentos de atenção e qualidade. E como isso é possível? Muito simples, combinando micro-habilidades emocionais, operativas e intelectuais (sim, intelectuais inclusive na hora de fazer café, ou por acaso achamos que o sabor incrível desse produto não requer conhecimento na hora de prepará-lo?).

A conquista da grandeza se manifesta no pequeno, já que a excelência se alimenta dos detalhes. Do mesmo modo que a árvore fica enorme por suas microrraízes que chegam a absorver a água que está a cem metros de profundidade no subsolo; assim como toda lacuna começa com uma pequena rachadura.

Por isso é tão importante dar o seu melhor aqui e agora, a cada instante, passo, gesto, ligação, visita, encontro e oferta, havendo crise ou não, independentemente do que aconteça.

Porque, lamentavelmente, há muitos profissionais que atuam entre as opções um, dois e três, e que, ao fazerem um trabalho, parece que se esforçam para espantar seus clientes. De modo que, se você decide atuar na quarta opção, a crise dos demais se tornará sua oportunidade para fazer melhor as coisas e oferecer ao mundo sua excelência. Enquanto os outros espantam clientes, você faz seu serviço com carinho. Essa é e será sua riqueza, aqui e agora, mas também amanhã e sempre, se você decidir fazer seu melhor a cada momento.

A soma de pequenas vitórias

Como estamos vendo, o que faz uma pessoa ou um grupo de pessoas alcançar algo extraordinário é justamente o pequeno, a soma de micro-habilidades em prática constante.

Por esse motivo, é muito útil dividir um grande desafio em objetivos diários administráveis. Se você se propôs a escrever o seu primeiro livro, redigir uma página por dia fará com que no período de um ano já tenha um bom volume. Mesmo que depois faça muitas correções ou inclusive novas versões do que já foi escrito, cada página completa será um sucesso.

Comemore as pequenas vitórias, porque a soma delas o tornará grande. Cuide dos detalhes, porque não se conquista algo grande sem antes valorizar o pequeno.

Se em seus inumeráveis concertos em Hamburgo os Beatles não tivessem valorizado cada pequena oportunidade, apesar de tocarem versões do rock 'n' roll para um público às vezes escasso, jamais teriam adquirido a maestria que os tornaria a banda mais importante da história.

É fundamental não desprezar nada nem ninguém porque até um átomo faz sombra. Como afirmava o jornalista norte-americano Robert Brault: "Aproveite bem as pequenas coisas; algum dia você vai descobrir que elas eram grandes". E é exatamente no cuidado dos pequenos detalhes que a grandeza se manifesta.

EXERCÍCIO PRÁTICO

Seu plano de trabalho

Se você planeja cumprir a regra das 10.000 horas para alcançar o domínio de algo, no caso de não ter "horas de voo" acumuladas, essas seriam as contas:

1. DEDICAÇÃO TOTAL. 8 horas diárias x 5 dias por semana. 5 anos.
2. MEIA JORNADA. 4 horas diárias x 5 dias por semana. 10 anos.
3. DEDICAÇÃO DE DUAS HORAS POR DIA. 2 horas diárias x 5 dias por semana = 20 anos.
4. DEDICAÇÃO DE UMA HORA POR DIA. 1 hora diária x 5 dias por semana = 40 anos.

Como você pode ver, o domínio exige tempo, compromisso e paixão.

Em que área de sua vida você sente que deseja alcançar o domínio e se compromete para alcançá-lo?

19. SE VOCÊ QUER UMA MÃO QUE TE AJUDE, A ENCONTRARÁ NO FINAL DO SEU BRAÇO

Na vida há pessoas que têm um espírito de prosperidade: têm um estado mental e emocional voltado para a realização e a abundância. Elas têm Mentalidade da Boa Sorte. Atitude positiva, confiança em suas habilidades desenvolvidas com o tempo, olhar criativo para encontrar oportunidades e soluções onde outros apenas veem problemas, assim como a visão a longo prazo em que se estabelecem metas para crescer e melhorar constantemente. Mas essa visão centra-se não apenas nas conquistas pessoais, mas também na melhoria da sociedade e do mundo.

Há também o contrário, você também encontrará em sua vida pessoas que manifestam o espírito da pobreza. Uma das principais características que as pessoas com espírito de pobreza compartilham é que "carregam o fardo" daquilo que não fizeram ou do que não deu certo para os outros. Alguns exemplos cotidianos:

* O trabalhador que atribui sempre e invariavelmente à sua empresa ou aos seus chefes seu mau desempenho.

* A pessoa que culpa seu companheiro constantemente de sua infelicidade ou falta de sucesso.

* O suposto empreendedor que vive dando desculpas, baseando-se na situação econômica, política ou social para não realizar a ideia que tem em mente.

São pessoas movidas pela escassez, pela falta, pelo defeito do outro e pela carência. Sua mentalidade é negativa, são vitimistas profissionais e vivem imersas na crença de que a vida é injusta e sem oportunidades. Inconscientemente, estabelecem uma percepção limitada da realidade e tendem a colocar muito mais ênfase nas dificuldades que nas oportunidades, o que as leva à apatia, à resignação e à inércia. Não colocam a responsabilidade em seu âmbito de ação possível e tendem a mentir para si próprios e para os demais para justificar o seu "azar".

Por tudo que mencionamos anteriormente, para crescer e desenvolver sua MBS, um ingrediente básico é a honestidade e a própria responsabilidade. Quando paramos de "sair pela tangente", e assumimos nossas responsabilidades, estaremos sendo pessoas produtivas.

A honestidade e a responsabilidade atraem vínculos de qualidade, já que as pessoas honestas e responsáveis procuram seus semelhantes.

Como diria Viktor Frankl, "um ser humano é o ser que sempre decide o que ele é". E podemos escolher ser íntegros e dedicar-nos à criação da prosperidade através da honestidade e da coragem.

Um grande exemplo é o do missionário Vicente Ferrer. Depois de ser designado para ir à Índia com os jesuítas, ficou impressionado com a pobreza e a necessidade que viu na região de Anantapur, no sul do país. Em vez de procurar culpados, traçou como meta de vida erradicar o sofrimento de um milhão de pessoas, as quais daria saúde, educação e meios econômicos de desenvolvimento.

Sua vocação, compromisso e solidariedade contagiou milhares de pessoas, que se uniram à sua causa com a mesma devoção, apadrinhando crianças a distância para dar-lhes um futuro. Tal como afirmava esse homem admirável: "A ação é uma oração sem palavras. A boa ação contém todas as religiões, as ideologias e as filosofias".

Humildade e lucidez

A vaidade e o orgulho afundarão você, enquanto a honestidade e a humildade geram riqueza e florescimento, revelando o melhor de cada pessoa.

Para começar, o vaidoso, o narcisista e o egoísta são ingratos: não reconhecem nem se juntam ao outro, pois só estão interessados na imagem distorcida que têm de si mesmos. Aqueles que se escondem por trás da autossuficiência e das carcaças inconscientes de seus complexos não reconhecem nem aceitam os talentos alheios. Quando se referem aos demais, é para culpá-los por algo que gostariam, mas não têm.

A cegueira mata nossos sonhos.

E o péssimo hábito de apontar para os demais, para o mundo ou para alguma situação é uma forma de não ver o que não estamos fazendo ou o que poderíamos fazer melhor. O dedo que aponta o outro está no final do próprio braço. Então o mais inteligente é virar a mão e apontar ao próprio peito. A origem de tudo está em você, gostando ou não. Culpar os demais te afasta do seu poder. É essa mesma mão que tem que tirar as castanhas do fogo: sua mão. Sua habilidade. Sua atitude. Sua Mentalidade da Boa Sorte.

Humildade e ação são duas palavras poderosíssimas. Portanto, discordo daqueles que consideram a humildade uma falsa modéstia. Aliás, se não for sincero, não é humildade. Se recuperarmos novamente a etimologia da "humildade" e formos além, nos referiremos ao húmus, à terra onde germina a vida e para onde retorna depois de se extinguir e reiniciar o ciclo sem fim. Húmus é fertilizante. E sendo humildes, deixamos nossa vida fértil para conquistar o que nos faz sentido.

Por isso, convido-o a reconhecer tudo que sua alegria e felicidade deve aos demais, em vez de despejar neles seus medos e frustrações. A humildade sempre lhe abrirá novos caminhos para aprender, permitirá que desfrute do altruísmo e absorva a sabedoria daqueles que servem como inspiração.

EXERCÍCIO PRÁTICO

Admiração cotidiana

Encontre todos os dias uma pessoa na qual você descubra algo admirável.

Analise o fato, a atitude ou o gesto que causa sua admiração.

Você está perto ou longe dessa virtude?

De que maneira você pode cultivá-la para se parecer mais com essa pessoa admirável?

Procure cercar-se de pessoas que sejam dignas de admiração, pois serão um bom estímulo para melhorar e se aperfeiçoar.

20. A SABEDORIA DO ESTOICISMO

A história da humanidade é uma sucessão interminável de sucessos e fracassos. Houve grandes talentos que sofreram a incompreensão e o ostracismo, mas que seguiram em frente graças à sua longanimidade e confiança.

Nesse rio turbulento da história, a filosofia sempre orientou e registrou o espírito de cada época, procurando um sentido e uma clareza que nos ajudem na arte de viver.

Ontem, hoje e sempre, passamos por momentos nos quais a vida nos sobrecarrega ou inclusive nos derruba, quando ocorrem acontecimentos que atrapalham nossos planos. Às vezes, a dificuldade nos desespera e procuramos saída para a frustração.

Mas isso não é de agora. O ser humano sempre enfrentou mudanças e desafios que o colocam à prova.

Uma filosofia extremamente útil e prática

O estoicismo é uma escola de pensamento cujos inícios se situam no século III a.C. Até hoje nos oferece uma praticidade inusitada para viver sem angústias dentro da incerteza, mais de dois milênios depois.

Os estoicos, entre os quais temos os romanos Sêneca e Marco Aurélio, assim como o greco-latino Epiteto, divulgavam que a base do equilíbrio pessoal está em *saber separar as coisas que estão sob nosso controle daquelas que não estão.*

Na primeira categoria estariam as paixões, os hábitos e as emoções prejudiciais para nossa felicidade.

Os estoicos afirmavam que *o que perturba o ser humano não são os fatos, mas a interpretação que ele faz dos fatos.* E não se trata de eliminar ou suprimir estas emoções, mas de confrontar os fatos com serenidade, assim como os pensamentos que nos incomodam.

Para Sêneca, que viveu em Córdoba no primeiro século da nossa era, a felicidade começa em si mesmo e se baseia na simplicidade. Isso é algo que Epiteto, que um século depois passou a infância em Roma como escravo, explica como *Eudaimonia*: procurar a felicidade através do autoconhecimento, a consciência e a aceitação. Suas sábias palavras resultam tão válidas e vigentes hoje como há dois mil anos:

"Em relação a todas as coisas que existem no mundo, algumas dependem de nós, outras não.

"De nós dependem: nossas opiniões, nossos movimentos, nossos desejos, nossas propensões, nossas aversões; em poucas palavras, todas nossas ações.

"Não dependem de nós o corpo, os bens, a reputação, a honra; em poucas palavras, tudo aquilo que não é fonte de nossas próprias ações.

"As coisas que dependem de nós são por natureza livres, nada pode impedi-las ou dificultá-las, já as que não dependem são frágeis, servis, dependentes, sujeitas a mil obstáculos e inconvenientes, além de completamente alheia a nós."

Lições práticas do estoicismo

Os filósofos dessa escola afirmam que, para se ter uma vida serena e feliz, é essencial *entender o que podemos mudar para melhorar, aceitando o que não podemos mudar,* de modo que possamos viver em paz com isso.

A partir da prática diária, compreendendo a vida e nossas emoções, poderemos estar em sintonia com a felicidade. Alguns ensinamentos que podemos destacar do estoicismo:

1. **Controle sua reação se não pode controlar os acontecimentos.** Isso significa separar o que nos acontece da nossa resposta emocional. Os estoicos insistem em distinguir o que podemos controlar e o que não, assumindo que só podemos controlar o primeiro. O filósofo Massimo Pigliucci acrescenta que *as únicas coisas que estão sob nosso controle são nossos julgamentos, opiniões e valores.* Ou seja, nosso núcleo interno. Portanto, é absurdo nos sentirmos mal pelo externo que foge do nosso controle.

2. **Presente, presença, consciência.** Pense antes de agir, guie-se pela razão. Marco Aurélio nos lembra que o desconforto vem da importância que damos a um determinado acontecimento e que, para interromper a espiral da angústia e da impotência, devemos estar conscientes, refletir e decidir como queremos reagir de maneira positiva, em vez de nos deixarmos levar pela impulsividade. Como diria Viktor Frankl em meados do século XX, a liberdade do ser humano reside na escolha de suas respostas ante os acontecimentos.

3. ***Carpe diem*, aproveite seus dias e suas horas.** Sêneca aconselhava desfrutar do presente sem estar ansioso para o futuro. Esse ensinamento frequentemente é banalizado, já que é considerado uma forma de viver de maneira irresponsável e sem pensar no amanhã, sendo que a realidade é bem diferente: *não se deve esperar o amanhã para construir a felicidade.*

4. **Concentre-se no que é importante.** O fundamental, no final das contas, é ser feliz e estar em paz consigo mesmo para que dessa forma seja possível levar felicidade e paz aos demais. E isso só depende de si mesmo. A felicidade leva ao sucesso e, ao mesmo tempo, não há sucesso maior que ser feliz. Para

isso, não devemos deixar que o negativismo e o incontrolável contaminem nosso sentir e nosso propósito vital. Trata-se de assumir o controle de si mesmo e não perder de vista aquilo que queremos alcançar.

5. **Na vida há momento para tudo.** Outra prática estoica é definir nossos medos, o que contribui para que possamos administrá-los de modo que não nos condicionem. Entender que a vida é uma montanha-russa, que os dias não são iguais, mas que há períodos de luz e de escuridão, nos ajudará a cultivar a sobriedade, um valor muito admirado pelos estoicos.

6. **Cada dia é um novo começo.** A vida é breve e todos sabemos que um dia vamos morrer. Porém, como Snoopy diz a Charlie Brown em uma famosa tirinha, "mas os outros dias, não". Voltando à essência do estoicismo: não sabemos quando vamos morrer, mas podemos decidir como aproveitar cada dia de nossa vida. Porque a cada amanhecer renascemos e nos é oferecido um dia novinho em folha para viver. Se vivermos cada dia como se fosse o último, apreciaremos e obteremos momentos preciosos da vida cotidiana.

7. **Cultive valores que, uma vez incorporados como hábitos, farão de você uma pessoa virtuosa.** Coragem, responsabilidade, propósito, humildade, generosidade, rigor, gratidão, disciplina, gentileza, disposição, correção, autocontrole, justiça... O estoicismo nos deixa muito claro: uma boa vida é aquela que vivemos de forma racional e cultivando nossas virtudes.

8. **Mantenha a mente aberta e tenha boa vontade para aprender com os demais.** Prestar atenção e aprender com pessoas grandiosas nos leva à grandeza. Para isso é necessário observar cuidadosamente seu exemplo de vida. Como elas fazem? O que fazem exatamente? Além de observar quem admiramos, o exercício de perguntar para aprender com eles, pedir conselhos ou recomendações abrirá constantemente nossas asas.

A filosofia do estoicismo permeou tanto em nossa cultura, que o adjetivo "estoico" é utilizado para qualificar alguém que suporta com serenidade qualquer dificuldade ou imprevisto. Mas ser estoico, como vemos, é muito mais que isso.

Temos muitos exemplos de atitudes estoicas no mundo. Desde as vítimas de grandes catástrofes aos deslocados pela guerra, ou àqueles que a cada dia enchem sua família e sua empresa de ânimo.

Cuidar daquilo que depende de nós e não nos deixar levar pelos impulsos e as emoções é uma sábia e estoica maneira de viver. Se você se dedicar de verdade e com rigor, isso te levará – estou falando por experiência própria e pela atenção observada a outras pessoas muito relacionadas ao estoicismo – a ser uma verdadeira ou um verdadeiro criador da Boa Sorte.

EXERCÍCIO PRÁTICO

O filtro estoico

Cada vez que algo perturbar, irritar ou entristecer você, faça a si mesmo a seguinte pergunta: isso que está acontecendo depende de mim?

Se a resposta for afirmativa, resolva com os recursos que você tem no momento.

Se for negativa, pare de se apegar ao que aconteceu e concentre-se em coisas que você pode controlar, como seu estado emocional.

Caso tenha dificuldade, saia para passear ou para correr, ou faça qualquer coisa que te devolva a tranquilidade e a lucidez mental para identificar o que está em suas mãos e possa ser mudado e melhorado.

Nas próximas dez lições, você verá a importância de construir sua identidade a partir das escolhas conscientes que fizer a cada dia.

Porque sua identidade é flexível e moldável, e é você quem a define e a molda.

Verá como sua Boa Sorte reside em você, porque, se assim desejar, você não é apenas a causa da sua Boa Sorte, mas uma fonte de Boa Sorte para os demais.

TERCEIRA PARTE

Terceira folha do seu
trevo da Boa Sorte

SUA IDENTIDADE: VOCÊ É A MENINA OU O MENINO DO SEU FUTURO

21. NÃO SE AFASTE DAS PESSOAS NEGATIVAS... FUJA DELAS NA VELOCIDADE DA LUZ!

Ao iniciar um projeto, um sonho ou uma mudança pessoal, é necessário evitar os agentes de destruição massiva de esperanças. Eu me refiro àquelas pessoas que semeiam dúvidas em você por medo ou inveja, que retardam seu processo por sua própria preguiça e cinismo, e boicotam você com sua negatividade constante.

Poderíamos comparar sua influência à de um acontecimento lamentável, com a ressalva de que os acontecimentos podem ser ocasionais, enquanto as pessoas que nos acompanham dependem de nosso critério de escolha.

O vitimismo e a imobilidade de outros nos reprime, já que podemos nos contagiar pela sua forma de ser. Os pessimistas, além de não nos incentivar, nos mantêm atados a lugares – física e emocionalmente – onde não queremos mais estar.

Como dizia Jim Rohn em sua famosa palestra: "Você é a média das cinco pessoas com quem mais convive".

Se você não quer "diminuir seus resultados" será mais fácil evitar esse tipo de gente quando nada unir você a elas. Porém, se houver um vínculo emocional, se for algum familiar ou colegas de trabalho, ou um chefe, pode ser mais difícil estabelecer a distância necessária para não se deixar levar.

Fazendo uma comparação empresarial, do mesmo modo que ninguém manteria uma empresa dando prejuízos constantes, o menos conveniente é manter relações pouco ou nada saudáveis. Então, por que mantemos em nossa vida algumas pessoas e preservamos laços que nos causam perdas emocionais, econômicas, de saúde, de alegria... constantes?

Os quatro cavaleiros do Apocalipse

Encontramos um exemplo bem claro nas relações amorosas. O psicólogo norte-americano John Gottman explica como a negatividade destrói os valores essenciais da união: "Alguns tipos de negatividade, se permitirmos que fujam do nosso controle, são tão mortais para uma relação que eu os chamo de os quatro cavaleiros do Apocalipse. Geralmente, esses quatro cavaleiros galopam no coração de um casal na seguinte ordem: crítica, desprezo, atitude defensiva e falta de comunicação".

As personalidades negativas monopolizam a energia, sem estar conscientes do impacto negativo que isso causa nas pessoas próximas. Vivem imersas no conflito, na reclamação e no desconforto, carregando uma fonte contínua de estresse, ansiedade, angústia e tristeza. Muitas vezes se trata de uma questão de perspectiva de vida, não de maldade. Mesmo assim, causam estragos nas pessoas que a cercam.

A ciência comprovou o efeito que esse tipo de pessoa causa no cérebro humano. Uma pesquisa da Universidade alemã Friedrich Schiller concluiu que a exposição a estímulos estressantes afeta o hipocampo, a área do cérebro responsável pela memória e pelo raciocínio. A negatividade altera a funcionalidade neuronal e destrói células a médio e longo prazo.

Um alerta na hora de administrar e especialmente escolher bem seus relacionamentos.

Aconselho que esteja alerta para detectar os ladrões de energia e entusiasmo. Algumas dicas que ajudarão você a identificá-los são:

* Mantêm uma atitude predominantemente crítica e negativa.

* Adoram fazer com que você se sinta culpado ou inferior.

* Invadem seus limites, exigem, pressionam e são violentos.

* Reclamam constantemente (isso inclui fazer caretas, bufar, dar olhares de desprezo e um longo repertório de atitudes passivo-agressivas).

* São egoístas (se colocam à frente dos demais, eles são os primeiros que merecem ter e receber), egocêntricos (tudo gira ao redor deles e não se importam com as perspectivas de outras pessoas) e egoico (tem um excesso tão grande de autoestima que caem no narcisismo, considerando-se sempre melhores que os demais).

* Sempre estão em busca de atenção (se for fazendo drama, melhor).

* Não assumem a responsabilidade de seus atos e seu dedo está sempre pronto para apontar o(s) outro(s).

* Tendem a ser claramente pessimistas e focam no lado negativo das coisas.

* Estão sempre procurando defeitos nos demais.

* São arrogantes, altivos e desprezíveis.

* São "desmancha-prazeres". Adoram frustrar os projetos e os sonhos dos demais, geralmente por ciúmes e inveja.

Quando sentir que algum desses ladrões de energia está esgotando você ou vai fazê-lo explodir, quando sua presença minar sua autoestima, quando culparem você por tudo sem assumirem a responsabilidade, quando incomodarem e tirarem sua paz e serenidade, é hora de cortar o cordão umbilical fictício que o conecta a essa pessoa. *Um "não" dito para alguém que te diminui é um "sim" para a expansão da sua própria vida.* É sério: muitas pessoas desenvolvem doenças graves e até morrem por não se livrarem a tempo de pessoas assim.

Menos com menos dá mais

Nunca me canso de repetir a fórmula matemática que diz que menos com menos dá mais:

$$- \times - = +$$

A multiplicação de dois números de sinal negativo dá origem a um número positivo, ou simplesmente: *quando você diminui aquilo que te diminui, você cresce.*

Uma mudança transcendental em sua vida acontece quando você adquire a coragem de dizer "Não" para alguém ou algo que atenta contra sua dignidade, sua singularidade e seus desejos mais profundos. Um "Não" para quem te diminui, te despreza e te subestima é um "Sim" para sua liberdade, para você mesmo, para sua vida.

Quando você se posiciona e se valoriza, tudo muda. Suas possibilidades florescem quando você se livra das crenças contaminadoras e limitadoras que os demais despejam em você.

As boas relações criam uma boa vida. No extremo contrário, quando se trata de pessoas negativas ou pessimistas, uma pergunta que nos fazemos é: as pessoas podem mudar?

Como diziam os estoicos, é uma responsabilidade que não cabe a nós. *Você não pode mudar aquilo que não lhe pertence.* Se você tem clareza sobre esse princípio, se livrará de várias batalhas inúteis ao longo de sua vida. Você pode sugerir a outra pessoa que mude, apoiá-la e ajudá-la caso ela peça, consolá-la e acompanhá-la, mas a decisão de mudar nasce dentro de si mesmo. Você não pode fazer isso pela outra pessoa. É óbvio.

Mas você é o responsável pela sua saúde mental e emocional. É responsável pelas relações que escolhe e mantém, porque elas afetam sua qualidade de vida. As relações são como o ar, a água e os alimentos: podem contaminá-lo, até mesmo matá-lo, ou podem curar e fazê-lo crescer. Você escolhe seu parceiro na dança da sua vida. Atente-se para que não pisem em você muitas vezes durante a dança.

EXERCÍCIO PRÁTICO

Teste de qualidade relacional

Se quiser medir o valor de uma pessoa em sua vida, pergunte-se:

1. Sinto que essa pessoa me ouve ou, ao contrário, ela só quer falar de si mesma?

2. Ela me apoia em relação aos meus planos e sonhos ou, ao contrário, me cansa com seus "mas" e seus "nãos" e sinto que rouba minha energia e poder?

3. Eu me sinto melhor e mais animado depois de ter passado um tempo com ele ou ela, ou ao contrário, fico cansado, me sinto agredido e acaba com minha energia e entusiasmo?

Com base em suas próprias respostas, você poderá medir o significado dessa pessoa em sua vida.

22. O PRINCÍPIO DE MAYA ANGELOU

A vida extraordinária de Marguerite Annie Johnson, conhecida pelo apelido carinhoso que recebeu de seu irmão, Maya, deixou uma marca permanente e maravilhosa em várias gerações.

Apesar de não ter nenhum diploma universitário e ter sofrido abusos sexuais quando era criança – algo que lhe causaria um trauma de mutismo seletivo durante cinco anos –, essa mulher foi pioneira em muitas áreas.

Serviu como um exemplo inegável de resiliência apesar de seu trauma: foi atriz, poeta, motorista de ônibus e ativista, entre várias outras coisas de suma importância.

Além de autora do clássico *Eu sei por que o pássaro canta na gaiola*, onde conta sua vida, Maya foi líder social. Defendeu os direitos civis e a igualdade, e, para nossa sorte, seus valores e aprendizados fizeram com que seguisse em frente.

Uma lição fundamental

Entre suas percepções, resgatamos um princípio transformador para criar sua Mentalidade da Boa Sorte: "As pessoas podem não lembrar exatamente o que você fez, ou o que você disse, mas elas sempre lembrarão como você as fez sentir".

Como é importante entender isso! Suas impressões emocionais são o legado que você deixa aos demais. O pensamento leva à conclusão, mas o sentimento é o trampolim rumo à ação. E se você causa emoções, sentimentos e estados de ânimo positivos nos demais, as pessoas, além de não te esquecerem, desejarão tê-lo por perto porque será fonte de inspiração e propósito.

Gandhi dizia que "um covarde é incapaz de demonstrar amor. Isso é privilégio dos corajosos".

A pergunta fundamental então é: como cada pessoa com quem você interage e se relaciona se sente? Você já pensou nisso? Qual impressão você passa para os demais?

Para Alejandro Jodorowsky, a generosidade é a chave. Em suas próprias palavras: "O que você dá, dá. O que não dá, perde". Essa é uma lei especialmente significativa no plano emocional.

Expressar seu afeto, saber ouvir, se preocupar com o outro, compreender, cultivar o detalhe, acompanhar, acariciar... são atos de entrega carregados de valor e significado. E é preciso dizer que nesses atos às vezes as palavras e as demonstrações óbvias são irrelevantes, seguindo a linha de pensamento de Maya Angelou. Ficamos com a espontaneidade, a gentileza e a ternura.

No campo das emoções, *deixar uma boa impressão é semear sementes de uma boa vida e de Boa Sorte.*

Dicas para deixar uma boa impressão

O poeta Hamlet Lima Quintana tem imagens maravilhosas para descobrir pessoas que fazem a diferença nessa dimensão. Proponho algumas estrofes de seu poema "Gente":

> *Há pessoas que com apenas o abrir da boca*
> *chegam até os limites da alma,*
> *alimentam uma flor, inventam sonhos,*
> *fazem cantar o vinho nas jarras,*

e depois ficam como se nada fosse.
E alguém segue apaixonado pela vida
desterrando uma morte solitária,
pois sabe que a volta da esquina
há pessoas que são assim, tão necessárias.

Da nossa parte, para levar o MBS ao nível emocional, podemos enumerar alguns valores que caracterizam as pessoas que semeiam, nelas e nos demais:

* **Gentileza.** É uma virtude que abre todas as portas. A pessoa autenticamente gentil não invade, não incomoda, está disponível para o próximo e para o mundo sempre com respeito. Promove a cordialidade e não a apatia, cria uma ponte de afinidade em relação ao outro e ao mundo.

* **Escuta ativa.** "A palavra é a arma mais poderosa", dizia Ramon Llull, com muito critério. Somos humanos graças ao dom do uso da palavra. Mas, para falar bem, primeiro é essencial saber ouvir, servir a alma do outro, em silêncio, com interesse genuíno.

* **Respeito.** O amor é um cuidado constante, implica querer o melhor para o outro e contribuir para que consiga o que deseja. Não se trata apenas de amor fraternal ou romântico, significa cuidar do projeto de vida do outro, de suas preferências e particularidades, mesmo que não coincidam com as nossas.

* **Empatia.** O caminho a ser percorrido do Eu até o Nós se apoia na solidariedade, na empatia, em dar e receber. É entender que a outra pessoa trava sua própria batalha, como dizia Platão, e vive o mundo a partir de suas próprias experiências e fardos.

* **Não entrar no resgate invasivo.** Relacionado ao anterior, é conveniente, se quisermos que o valor do outro floresça e cultive a longanimidade, abandonar o papel de salvadores do ataque ou de salvadores invasivos. Por isso, devemos aprender a

acompanhar sem roubar a possibilidade de que o outro se torne um herói e desenvolva suas fortalezas por si mesmo, sabendo que pode contar conosco.

* **Rigor.** É impossível contribuir para o progresso alheio sem demonstrar disciplina, bons hábitos, vontade e autoexigência. Friedrich Nietzsche dizia que um bom amigo deve ser um leito de repouso, mas um leito duro, como uma cama de campanha, para ajudá-lo a vencer suas próprias batalhas.

* **Cordialidade.** Todos os dias convivemos com outras pessoas. Nosso desafio é fazer com que sua vida seja um pouco melhor depois de haver estado conosco. Nossa grandeza nasce da cordialidade. Estamos capacitados para melhorar muitas vidas, começando pela própria e daqueles que nos cerca.

EXERCÍCIO PRÁTICO

Uma decisão vital

No capítulo 18 eu lhe dei o exemplo de como um garçom e um café podem amargar ou alegrar o seu dia.

Retomo aqui o exemplo do garçom, tirado do nosso livro *O labirinto da felicidade*, coescrito com Francesc Miralles, no qual no capítulo intitulado como "O segredo do garçom" um garçom explica à protagonista da história, Ariadna, uma menina que se perdeu dentro de um labirinto, que mesmo em seu humilde trabalho como garçom, a cada atendimento que faz, ele toma uma decisão vital entre três opções. Você pode aplicar o mesmo a qualquer interação humana que tiver:

1. Se você tratar o próximo com indiferença, o resultado é neutro. O outro irá embora da mesma forma que chegou. Você terá causado indiferença.

2. Se você o trata mal, fará com que se sinta infeliz. Terá perdido um cliente.

3. Se você o trata bem, fazendo-o se sentir como alguém importante, você fará com que se sinta feliz e ele voltará com frequência. Terá conquistado um cliente fiel e, talvez, um amigo.

Qual das três opções você escolhe para que seja seu estilo de se relacionar com os demais?

23. O PRECONCEITO DEBILITA, A CORAGEM FORTALECE

Levar a vida com leveza é um requisito da sua Mentalidade da Boa Sorte, já que isso facilitará a realização de seus objetivos e sua transformação pessoal.

Nesse sentido, o maior peso não é aquele que você carrega fisicamente, e sim os obstáculos que coloca em sua mente. Muitas pessoas carregam um peso vital que está relacionado à inércia, ao medo, à urgência ou outros fardos.

Isso significa que, sem ter conquistado nada, sentem que não dão conta de tudo, como o titã Atlas segurando o globo celeste, punido pelo deus Zeus.

Como podemos aliviar o peso para viver a vida que sonhamos e merecemos?

Vamos cuidar disso.

Quais preconceitos você tem contra si mesmo?

A palavra preconceito, pré-conceito, já diz tudo: é julgar antes de conhecer aquilo que julgamos. Isso se aplica à nossa visão do mundo, dos demais e de nós mesmos.

Uma pessoa que diz para si mesma, por exemplo, "Nunca vou encontrar o amor. Ele não é para mim", na verdade está sendo preconceituosa. Como não conhece as pessoas que podem chegar à sua vida e as mudanças que ocorrerão em si mesma, essa afirmação não faz nenhum sentido.

Além disso, ao trazer esse preconceito para sua vida, você se torna escravo dele. Isso me faz pensar em uma parábola hindu:

> Um discípulo procurou seu mestre sentindo-se angustiado e lhe perguntou:
>
> — Como posso me libertar, mestre?
>
> Ao que o mestre respondeu:
>
> — Meu amigo, quem te prende?

É normal acreditar que estamos de mãos e pés atados pelo destino, pela falta de sorte, pelas poucas oportunidades que chegam, e como consequência, pelo ciclo da urgência e da inércia.

Mas realmente estamos?

Os preconceitos e as crenças que temos sobre nós mesmos, sobre os demais ou sobre a vida podem ser um verdadeiro fardo ao longo da vida. Destroem encontros que poderiam ser oportunos, aprendizados necessários e experiências reveladoras.

Por isso, livrar-se de preconceitos é um exercício extremamente saudável que nos abre um universo de possibilidades de criar novos vínculos. No capítulo 25 falaremos detalhadamente disso.

Você não vive à altura das suas capacidades, mas à altura das suas crenças

As crenças nos definem e podem ser mordaças para a mudança. Por esse motivo, *não vivemos à altura das nossas capacidades, mas de nossas crenças.*

Os preconceitos acabam infertilizando a terra na qual poderíamos semear prosperidade.

Por exemplo, se você considera que nunca poderá motivar uma equipe, será muito difícil compartilhar ideias e falar em público. Vai preferir delegar qualquer gesto de liderança em vez de se expor. Você tem tanta certeza de que fará papel de ridículo ou que vai dar tudo errado que pode estar privando o grupo de uma oportunidade para inovar. Ou inclusive acabará sendo um sujeito passivo em seu trabalho.

Os preconceitos limitam não apenas nosso mundo, mas o de nossos colaboradores, amigos e familiares. Talvez seja mais confortável e seguro estar nas trincheiras de crenças limitantes, mas no final elas nos roubarão a energia para poder ter a vida que desejamos.

Contra essa classe de fardo mental que condiciona nossa vida, existem dois ingredientes básicos: *consciência e coragem.*

Consciência para percebermos as mentiras que estamos contando a nós mesmos.

Coragem para começar a viver de um modo diferente.

Coragem e consciência

A escritora Louise Hay nos dava esta poderosa dica: "Aprendemos os nossos sistemas de crenças enquanto crianças muito pequenas, e então passamos pela vida para criar experiências para combinar com nossas crenças".

O curioso é que esse preconceito pode ser positivo ou negativo, mas costumamos nos apegar às piores ideias para viver (mal). É o que na psicologia se chama *viés negativo.* As más notícias são registradas com mais intensidade que as boas porque, em nossa origem como espécie, foram mais importantes para a sobrevivência.

Porém, é absurdo que esse viés se aplique a mensagens mentais que não têm nenhuma base na realidade.

O remédio para esse mal está na coragem. Nos capítulos anteriores, vimos que *a coragem é um valor que gera mudança de consciência, no que ousamos fazer e de vida.*

A coragem nos move porque acreditamos que o que queremos mudar e construir faz sentido. Tanto, que nos ajuda a enfrentar o medo, vencer aquilo que consideramos impossível e nos transformarmos na pessoa que desejamos. *A coragem é o combustível para a alquimia interior.*

A autora do romance *Mulherzinhas*, Louisa May Alcott, não encontrou outro valor mais digno e admirável para criar seus eternos personagens: "Aquele que acredita é forte, aquele que duvida é fraco. Fortes convicções precedem grandes ações".

Louisa começou a escrever histórias para ajudar sua família. Pediram que escrevesse um romance para adolescentes e, em uma época na qual a mulher não tinha acesso ao voto nem aos direitos sociais, ela decidiu contar uma história muito semelhante à sua própria experiência. Suas mulherzinhas, as irmãs Jo, Beth, Amy e Meg, têm grandes sonhos apesar de sua pobreza. Embora seja ficção, a autora tentou mostrar o contexto real em vez de idealizar a vida das meninas. Entre elas, Jo March se tornou uma referência de coragem e inspiração. Mesmo naquela época expressava seus pensamentos e queria decidir livremente seu destino, superando preconceitos alheios e reafirmando seus sonhos.

Terminarei este capítulo com uma inspiração dessa obra clássica da literatura popular que nos faz recapitular o tema deste capítulo:

> Nossos fardos estão aqui, nossa estrada está diante de nós, e o desejo de bondade e felicidade é o nosso guia para superarmos muitos problemas e erros que nos impedem de ter paz.

EXERCÍCIO PRÁTICO

Livre-se de seus fardos

1. Torne-se consciente do que você diz a si mesmo sobre as limitações ou decepções de sua vida. Visualize o que é um fardo e deixe-o cair em um abismo.

2. Torne-se consciente daquilo que você diz a si mesmo sobre o mundo, sobre os demais, sobre as pessoas que o cercam. Livre-se desse fardo da mesma forma.

3. Por último, torne-se consciente daquilo que você diz a si mesmo sobre você, sobre suas capacidades e merecimentos. Visualize como pode se livrar desse fardo também.

24. NINGUÉM SABE DA SUA VIDA MELHOR DO QUE VOCÊ

Posso te dar um conselho? Posso parecer paradoxal, mas é este: *torne-se o seu melhor conselheiro.*

É normal pedirmos a opinião de terceiros para nos guiar ou confirmar nossas intuições ou conclusões lógicas. Mas isso não implica renunciar à nossa responsabilidade? O que faz você pensar que os demais sabem mais a respeito dos nossos desejos e nossas metas que nós mesmos?

Se você presumir que a capacidade de ouvir ativamente caracteriza pessoas nutritivas, isso também inclui *ouvir ativamente a si mesmo*, para nutrir-se e descobrir todos os recursos dos quais você dispõe.

Um processo que começa e acaba em você

Falamos de um processo de indagação ao estilo da maiêutica de Sócrates, mas que começa e acaba em você, assim como "conhece-te a ti mesmo", a frase de entrada no templo de Apolo em Delfos.

O processo que proponho a você é o mesmo.

Se para aconselhar a outros você se informa, pergunta como se sentem, o que os está incomodando, o que aconteceu, como tomam suas decisões e então os ajuda a encontrar soluções, então por que você não aplica a si mesmo as bondades deste processo para obter um bom conselho a seu favor?

Para isso, de vez em quando é muito bom que você se sente para refletir, recorra à escrita e faça uma lista das opções e soluções ao seu alcance. Não se esqueça que escrever, fixar e visualizar os pensamentos e as emoções subjacentes é poderosamente terapêutico.

Por um lado, *escrever é peneirar*, permite separar o joio do trigo e concentrar-se naquilo que é realmente importante.

Por outro, a escrita é reveladora, já que permite que o inconsciente aflore para poder vê-lo, compreendê-lo e agir.

Se você refletir e escrever em um caderno que tiver à mão, poderá ver mais claramente, compreender e a partir daí, decidir, soltar, fazer uma limpeza, identificar aquilo que está sobrando ou o incomoda, assim como o que falta e deve ser feito. Todo o anterior te ajudará a promover ações que possam gerar uma mudança significativa em sua vida.

Da mesma forma, quando você adota o hábito de escrever, isso irá lhe proporcionar um grande prazer e melhorar seu autoconhecimento.

Uma solidão escolhida e desfrutada

O genial Pablo Picasso disse uma vez: "Lembre-se: a única pessoa que o acompanha a vida inteira é você mesmo. Mantenha-se vivo, enquanto vive!".

Após a pandemia, The Drum e Adobe iniciaram um estudo para avaliar se a solidão do trabalho remoto se traduz em uma maior produtividade dos funcionários. Nesse estudo foi comprovado que a solidão é fundamental para o surgimento de soluções criativas, uma vez que o córtex pré-frontal do cérebro, responsável pelos pensamentos, se estabiliza e acalma na solidão.

Na arte e na vida, a inspiração de onde nasce a ação se chama introspecção. O que parece um trocadilho tem sido ao longo da história o lema das pessoas que mudaram paradigmas. O isolamento positivo faz parte do processo criativo, e vemos isso nas contribuições científicas de grandes gênios. Por exemplo, Ada Lovelace, a filha de Lord Byron, foi a pioneira da programação nos computadores ao criar o primeiro algoritmo reconhecido como tal. As anotações que deixou por escrito e que representaram milhares de horas de reflexões e ideias permitiram--lhe desenvolver sua genialidade e transformar-se em uma das grandes precursoras da informática.

A mente consciente não é capaz de recriar esse estado de tranquilidade quando está exposta a estímulos. Você sempre vai precisar de um tempo a sós para poder dar forma aos sonhos que quer realizar em sua vida.

Nessa solidão escolhida e desfrutada, eu sugiro algumas pautas que, tenho certeza, podem servir de inspiração para que sua sabedoria interior emane:

* **Tome um café ou um chá consigo mesmo.** Procure esses minutos de tranquilidade e conexão, um momento de pausa prazerosa para iniciar e manter uma conversa com você mesmo, como se estivesse com alguém muito próximo e querido.

* **Seja o seu melhor amigo.** É muito agradável conversar com um amigo íntimo, certo? Pois então, não há ninguém mais íntimo que você. Ninguém sabe da sua vida melhor do que você. Ninguém conhece você melhor do que você mesmo e, portanto, não há ninguém melhor para compreender e amá-lo. Há algo com uma enorme potência de transformação interior nesses tipos de diálogos consigo mesmo e que você pode expressar em um diário, surpreendendo-se com o resultado.

* **Olhe-se nos olhos com sinceridade e expresse o que sente.** Não deixe de escrever nada nesse diário. Escreva tudo que vier à mente, apesar da redundância. Enfrente com coragem as emoções que surgirem, tanto as positivas como as negativas. Ouse saber onde está sua vida, aqui e agora. Esse é o ponto de partida para sua nova aventura.

* **Sinta para poder pensar com clareza.** Sofremos mais pelo que imaginamos do que pelo que acontece, e esse turbilhão de

pensamentos pode deixá-lo em um limbo de preocupação e procrastinação. Anote em seu diário as emoções que sente, os pensamentos que te causam e o que faz você querer fazer algo.

* **Pergunte-se todas as noites o que você pode melhorar e coloque em prática.** Escreva o que conseguiu durante o dia. Faça um breve balanço do que suas ações diárias lhe trazem. Você perceberá que, pouco a pouco, irá conquistar mais do que pensava e isso será um estímulo para seguir o rumo dos seus sonhos.

* **Trate-se com compaixão e gentileza.** Em vez de ser extremamente autoexigente e implacável com você mesmo, assuma que todos cometemos erros e permita-se falhar e aprender porque é a melhor maneira de se autoconhecer e de crescer.

* **Responda a si mesmo a seguinte pergunta: o que eu preciso?** As pessoas boas tendem a pensar mais no bem-estar dos demais do que no próprio, de modo que só se cuidam quando estão em crise ou doentes. Identifique suas necessidades e satisfaça-as. Descanse regularmente, mantenha uma dieta saudável, faça exercício, desfrute do prazer da música e da leitura, durma o suficiente... tudo isso facilita o seu bem-estar e, consequentemente, sua inspiração, sua saúde e sua criatividade.

Lembre-se de que se tornar seu melhor amigo ou amiga é um processo que também leva tempo, assim como uma amizade com outra pessoa. Observe que quando falamos de amizade utilizamos os verbos *estabelecer* ou *cultivar* (uma amizade), e ambas as tarefas exigem trabalho e atenção. Diferente da paixão que pode acontecer à primeira vista (dizemos "me apaixonei"), nunca dizemos me "amiguei", porque assim como diria meu amigo Walter Riso, "a amizade não nasce de uma paixão, mas de um processo de nos conhecermos ao longo do tempo". Tenha em mente que isso também se aplica à arte de se tornar o seu melhor amigo. Consequentemente, dedique-se tempo de qualidade.

EXERCÍCIO PRÁTICO

Qual é o desejo que você quer realizar?

A pioneira das oficinas de redação em espanhol, Silvia Adela Kohan, afirma que "para escrever bem, é preciso se sentir bem. E para se sentir bem, é necessário saber qual desejo você quer realizar na vida". Uma maneira de se cuidar, de ser um bom amigo de si mesmo, consiste em simplesmente se perguntar:

1. Qual é o meu desejo mais profundo?

2. Estou me dando a oportunidade de torná-lo possível e real?

3. O que eu preciso fazer agora mesmo para criar as circunstâncias que me permitirão realizá-lo?

25. DESTRANQUE AS FECHADURAS DA SUA LIBERDADE VITAL

Muitos anos após publicar *A Boa Sorte*, com meu querido amigo Fernando Trías de Bes, escrevemos o livro *Las siete llaves*[4] para indagar o que entendemos por liberdade na vida e como conquistá-la. Para isso, dissecamos as atitudes e as situações que nos prendem às pessoas, para dessa forma poder elaborar propostas que nos proporcionem essa almejada liberdade vital.

Essencialmente, concluímos que *a liberdade consiste em deixar de ser o resultado daquilo que os outros querem*. Algumas questões cruciais que surgiram a partir disso foram as seguintes:

* A *falta de assertividade* é a que te impede de colocar limites às pessoas que te influenciam negativamente ou te prejudicam.

* O *vitimismo* ou a *negatividade* minam seu ânimo.

* A importância de afastar os *portadores de más notícias* ou aqueles que, com seu *comportamento tóxico*, minam sua vida e seus projetos.

* O desafio de se libertar do *sentimento de inferioridade* em relação às suas capacidades é fundamental. Se você se libertar do eu

---

4   Tradução adaptada para o português: *As sete chaves* (N.T.)

não consigo, eu não sou suficiente ou não conseguirei, abrirá suas asas e irá voar.

✱ Evite, na medida do possível, o conhecido *Burnout.* Quando estiver sofrendo por excesso de estresse e ansiedade devido a um trabalho que você não gosta, no qual é maltratado e não te reconhecem, não estará perdendo apenas as horas de vida que dedica a esse trabalho, mas isso afetará toda a sua vida.

Sete chaves que abrem portas

Se você quer se libertar da cela para começar a viver uma vida genuína e de sucesso, pode fazer uso de sete chaves existenciais que Fernando e eu identificamos: a do pensamento, a do julgamento, a da realização, a do prazer, a da entrega, a da identidade e a do ser.

A seguir, farei o resumo das ideias fundamentais que cada uma dessas chaves representa para acabar com os medos, os preconceitos e os obstáculos, de modo que possa sentir-se livre para fazer e viver:

1. **A chave do pensamento.** É a que controla a entrada e a saída em sua vida de falsas crenças que te prendem. Estas crenças determinam uma postura existencial de *confiança ou pessimismo.* Esta chave permite que você se liberte dessas crenças e adquira um senso de realidade sem resistência à mudança. *Você cria baseado naquilo que acredita.*

2. **A chave do julgamento.** Ela te alerta quando uma regra vai contra a sua dignidade e você precisa ser valente para não se deixar enganar. Significa alinhar pensamento, palavra e ação, assim como estabelecer limites para resguardar seu bem-estar.

3. **A chave da realização.** Mostra que se você mantém percepções distorcidas da realidade, seus medos infundados te invadem. *Sob o estado de medo, você confunde o possível com o*

provável, como vimos no primeiro capítulo. Esta chave te traz informação e formação para conquistar sua transformação vital.

4. **A chave do prazer.** Prova que *existem culpas que te expõem e que não são realmente suas, mas te fizeram acreditar que eram. Essas culpas te impedem de aproveitar a vida*, pois todos carregamos fardos alheios acreditando que se não fizermos isso é egoísmo. Neste ponto, *você não é egoísta se decide livrar-se de culpas que não te pertencem, e isso implica acabar com determinadas relações muito tóxicas.* É necessário fazer o exercício do devolver o ônus a quem nos quis impor uma culpa que não é nossa, ou seja, devolver a responsabilidade a quem realmente pertence. Trata-se de também aprender que não se pode passar a vida carregando pesos nas costas que não são seus.

5. **A chave da entrega.** Se refere ao *ato libertador de dizer "não"*, e de não acreditar na indignação do outro ao decidir não o apoiar se achar que seus pedidos são excessivos, exaustivos e constantes. *Sua entrega na vida deve ser livre* e não pode ser condicionada pelas manipulações emocionais de outros.

6. **A chave da identidade.** Reafirma-nos na ideia de que não somos os rótulos nem as frustrações que outros projetam em nós. Você é um ser livre e mutável que *pode deixar de acreditar nas atribuições limitantes que nos foram impostas desde a infância (por exemplo, você é desajeitado, incapaz, não vai conseguir se superar, você é como tal pessoa etc.).* Sua personalidade não tem por que se moldar de acordo àquilo que os demais esperam, mas é você quem decide como deve se definir, melhorar e viver. Portanto, é necessário alimentar a autoestima a partir de si mesma ou si mesmo e deixarmos de ser escravos da aprovação de outros, que às vezes não querem o melhor para nós.

7. **A chave do ser.** *Dar permissão a si mesmo é a melhor das terapias.* Diante de uma obrigação que outros te impõem e que te desorienta, condiciona e limita *(não faça, não diga, não seja, não pense, não realize, não exista, não se permita...)*, você pode

recuperar sua essência renunciando à imposição alheia e dandoa si mesmo permissão que anule essas obrigações *(posso fazer, posso dizer, posso ser, posso pensar, posso conquistar, posso existir, posso me permitir...).*

Quem te ama valorizará e respeitará, inclusive, admirará seus processos de crescimento e autodeterminação. Quem não te ama verá em seu desenvolvimento um espelho incômodo no qual se refletem suas próprias preguiças, invejas e misérias.

Vindas de dentro ou de fora de nós, todos esses agentes limitantes são uma prisão para sua Mentalidade da Boa Sorte. Você pode, e me atrevo a dizer que DEVE, viver sua vida da maneira que preferir, sem impedimentos externos impostos injustamente, mas também sem os impedimentos que você, consciente ou inconscientemente, impõe a si mesmo baseado em falsas crenças que te limitam.

Sua liberdade vital é a capacidade que você tem (e que pode desenvolver constantemente ao longo da vida) de viver de acordo com suas próprias escolhas e desejos sem restrições impostas de fora. Sem o cultivo da sua liberdade vital, a felicidade e o bem-estar psicológico não são possíveis.

Quantas pessoas vivem vidas dentro de uma jaula na qual elas mesmas se trancaram sem perceber e, além disso, não há nenhum cadeado que tranque a porta dessa jaula! Porque a liberdade é uma porta que se abre de dentro para fora.

EXERCÍCIO PRÁTICO

Quantas chaves você tem em seu poder?

1. Reflita sobre cada uma das sete chaves que você acabou de ver.

2. Quantas delas você já tem para escapar da cela dos medos e começar a viver?

3. Quais te faltam e como você pode consegui-las?

4. Para cada uma das chaves que te faltam, procure uma pequena missão diária que te permita integrá-las à sua vida.

26. O MÉTODO KAIZEN

Você tem o costume de iniciar várias coisas e acabar se perdendo? Sente que às vezes faz de tudo e não termina nada?

Se sua resposta for afirmativa, você faz parte daqueles que seguem o método Kaizen, que inspira este capítulo. Para criar sua MBS, o primeiro passo será compreender por que tanto esforço não te recompensa.

Tudo é questão de prioridades e hábitos.

A oportunidade espera que você estabeleça prioridades e cultive hábitos, que é simplesmente repetir uma ação até que ela passe a fazer parte de sua rotina com fluidez.

É correto dizer que a prioridade é um elemento subjetivo, já que cada um dá importância àquilo que considera mais necessário para seu momento vital. Para uns, a carreira profissional está à frente do sucesso social ou da qualidade de suas relações familiares ou de um relacionamento. Para outros, o trabalho é apenas uma ocupação. Não estou questionando esta subjetividade, mas é necessário sermos conscientes ao estabelecer nossas prioridades se pretendemos progredir.

Quais são suas prioridades?

Começar a priorizar implica lutar contra uma rotina que parece imutável. De repente, o que é importante para você é colocado no topo da lista e a rotina é adiada para talvez se tornar urgente mais tarde.

Portanto, para definir prioridades é aconselhável repensar sua rotina para chegar a um ponto médio que te permita fluir.

No outro extremo, uma vida sem prioridades é um caos de tentativas, de propósitos fracassados. Indica que não temos nossas metas claras e por isso nos esforçamos em vão, enquanto negligenciamos assuntos importantes.

Segundo Stephen Covey, autor do livro *Os 7 hábitos das pessoas altamente eficazes* – um livro magnífico –, ser realista e consciente é fundamental na hora de nos organizarmos. Entre os sete hábitos escolhidos por este autor, quero destacar e recordar três:

* **Seja proativo.** Trata-se de desenvolver o hábito de agir em vez de reagir: ser causa em vez de ser efeito; mover-se, antecipar-se e arriscar-se em vez de esperar que as situações de mudança lhe sejam impostas. Em resumo: você mesmo é a causa da transformação. Como dizia Gandhi: "seja a mudança que você quer ver no mundo". E como dizemos no livro *A Boa Sorte*, "você é a causa da sua Boa Sorte".

* **Tenha um objetivo em mente** ou, como diz Covey, *tenha uma missão de vida*. Defina seu propósito vital, seu *ikigai*, como diriam os japoneses, porque isso o ajudará a concretizar suas percepções, seus princípios e valores.

* **Primeiro faça o mais importante.** Ou seja: estabelecer prioridades. Diferenciar o que é realmente importante daquilo que não é, saber ser seletivo ao administrar nosso tempo para não deixarmos de lado o que é primordial e darmos prioridade às tarefas ou funções que não são importantes.

O método Kaizen

Pensar e agir a partir de outra postura vital requer prática para incorporá-la ao nosso dia a dia. Para conseguir pouco a pouco, quero compartilhar com você algumas dicas do Kaizen, um poderoso método também japonês cujo significado se traduz como "mudança para melhor" ou "melhoria contínua".

Essa filosofia lembra-nos que um aumento diário de 1% implica um progresso de 100% em menos de três meses. Aliás, por se tratar de um trabalho cumulativo, se você melhorar diariamente 1% em relação ao dia anterior, alcançará através do crescimento sustentado o 100% de progresso em apenas setenta dias porque os progressos vão se acumulando uns sobre os outros.

Masaaki Imai, a grande referência do Kaizen, descreve a essência dessa filosofia:

1. "O ponto de partida para a melhoria é reconhecer a necessidade. Isso vem do reconhecimento de um problema." Tudo começa por não nos conformarmos. Um olhar crítico e humilde nos ajudará a detectar os problemas e a começar a solucioná-los.

2. "Kaizen significa a melhoria contínua, todo dia, com todos os envolvidos e em qualquer lugar." Isso implica aplicar a vontade de se superar em todas as áreas de nossa vida, em cada coisa que fizermos, em toda situação e empresa.

3. "Quando você resolver um problema, surgirão mais dez problemas." A melhoria nunca termina porque sempre é possível seguir em frente.

4. "Não espere a solução perfeita." Pois ela não existe. Não devemos analisar excessivamente; vamos experimentar soluções provisórias e seguir avançando.

5. "O progresso é impossível sem a capacidade de admitir erros." Do mesmo modo que é necessário saber ver o problema para encontrar uma solução, devemos direcionar a exigência para nós mesmos. Procurar *feedback*, prestar atenção na opinião dos demais, também é útil para encontrar formas de melhoria.

Hábitos atômicos

Ao progredir gradualmente todos os dias, você coloca tijolos para edificar seus objetivos. Dessa forma, trabalha 100% conectado à sua Mentalidade da Boa Sorte, a que *acredita, cultiva, cria e conquista.*

Neste ponto, é vital entender que os hábitos são as sementes da transformação. Deste modo, até as mudanças mais modestas, com uma abordagem Kaizen, podem alcançar resultados extraordinários.

Introduzir um bom hábito e mantê-lo repercute na melhoria contínua, em oposição à atual cultura do imediatismo, que não nos leva a nenhum lugar. Seguir uma dieta saudável, fazer exercício todos os dias, por exemplo, não são hábitos que a longo prazo nos proporcionam saúde e bem-estar?

Para James Clear, autor de *Hábitos atômicos*, o cerne da questão reside em *perseverar em uma tendência*; a tendência a melhorar ou a piorar é o que conta, pois nos permite vislumbrar o sucesso ou o fracasso.

Nesse sentido, Clear fala de *indicadores reativos*: a quantidade de dinheiro que possuímos é um indicador de nossos hábitos financeiros; nosso peso é um indicador de nossos hábitos alimentares ou práticas esportivas; o conhecimento que acumulamos é um indicador resultante do aprendizado.

Esses indicadores são sintomas daquilo que nos convém repetir, transformar em hábito, se pretendemos melhorar em qualquer aspecto da nossa vida. Tanto que esse autor afirma que podemos prever como será nosso futuro observando a curva de pequenos lucros e perdas.

As pequenas batalhas que vencemos dia a dia são as que determinam nossos cenários de realidade futura, graças à arte de estabelecer prioridades e de manter alguns hábitos saudáveis, eliminando os negativos. Quando parece que nada acontece, na verdade, tudo está acontecendo.

Lembremos que cada semente precisa de cuidado e paciência para brotar.

EXERCÍCIO PRÁTICO

Quem você quer ser a partir de agora?

Uma das novidades do método de Clear é trabalhar a partir do "Eu". Ou seja: mais que aplicar os hábitos de uma lista, trata-se de decidir sua nova identidade e agir em conformidade. Você pode fazer isso através destes passos:

1. Decida quem você quer ser a partir de agora.

2. Confirme, através de novos hábitos e ações, sua nova identidade.

3. Insista até que os hábitos façam parte de sua vida de uma maneira natural.

27. VOCÊ PODE APRENDER TANTO COM SEUS ERROS QUE QUANDO TROPEÇAR, EM VEZ DE CAIR, VOCÊ IRÁ VOAR

Além de assumir que a paciência e a perseverança, como acabamos de ver, são ingredientes fundamentais da Mentalidade da Boa Sorte, seu caminho não acaba aí.

Para desenvolver sua sabedoria vital, é necessário que alimente seu interesse em aprender, sua curiosidade e sua capacidade de inovar, assim como a atenção que você dá às outras opiniões, à sua capacidade de ouvir profundamente... mas também *a força para se levantar, caso você caia*.

Novamente, relembro uma das minhas frases prediletas para entender e aplacar o desânimo: "Aprendeu tanto com seus erros que quando tropeçou, em vez de cair, voou".

Há momentos em que a vida nos acerta de jeito, e é aí que nosso bote salva-vidas chega em forma de atitude positiva. Manter a esperança e fazer o que estiver ao nosso alcance nos manterá à tona para aceitar a realidade enquanto procuramos soluções.

A doença de um ser amado, um amigo que nos decepciona, o término de uma relação... são motivos que precisamos digerir, metabolizar, superar. E não por resignação, mas por aceitação, que é o caminho ativo de aprendizado que leva à resiliência.

A dor é inevitável, o sofrimento é opcional

Para alcançar a aceitação, devemos nos permitir ser vulneráveis, deixar o sofrimento emergir, liberar a emoção mais profunda. Assim é a aceitação radical: uma conexão ampla e contundente da realidade, sem nos enganarmos, sem fecharmos os olhos ou nos levarmos pela resignação ou fantasia.

Inclusive quando não podemos fazer nada a respeito, aceitá-lo pode nos ajudar a encarar essa realidade, como Buda conclui após anos de meditação: "A dor é inevitável, o sofrimento é opcional". Se entendermos o sofrimento como a recreação mental da dor, podemos acabar eternizando ambos. Veremos isso com um exemplo.

Lembro-me de uma piada que ilustra a diferença entre ambos os conceitos: um velho num trem tosse e reclama em voz alta sem parar, incomodando o resto dos passageiros, mais pelos seus gritos que pela sua tosse. "Que tosse a minha! Que tosse tão forte! Meu Deus, essa tosse vai me matar! Maldita tosse!" Ele gritava tanto que uma jovem passageira do trem se aproximou do velho e lhe ofereceu umas pastilhas de mel e limão, que o senhor aceitou de bom grado.

Todos os passageiros do vagão felizmente constataram que, depois de colocar uma das pastilhas na boca, a tosse e os gritos do homem finalmente acabaram. Mas depois de um tempo, o homem começou a gritar de novo a plenos pulmões: "Que tosse eu estava! Que ataque de tosse, por favor! Que tosse eu tinha! Parecia que não ia me livrar dela! Quando eu tenho esses ataques de tosse...! Que tosse horrível eu tive!...".

A tosse seria a dor, mas o sofrimento eram os gritos que o homem dava tanto durante seu ataque de tosse como, e especialmente, quando a tosse tinha desaparecido graças à pastilha de mel e limão. Pelo visto, o velho não quer nem pode deixar de ser o protagonista e, apesar de ter parado de tossir, ele precisa chamar a atenção de novo vociferando sem parar: isso é sofrimento. É muito importante não sermos viciados em sofrimento, já que ele nos impede de levantar a cabeça e nos mantém na posição de vítimas constantes.

Um fracasso bem-sucedido

Foi assim que a NASA descreveu a missão Apollo XIII, na qual o tanque de oxigênio pegou fogo devido a uma falha técnica. A nave não conseguiu pousar na Lua e o retorno dos tripulantes à Terra se tornou uma tarefa dificílima.

Há um bom filme protagonizado por Tom Hanks sobre esse episódio épico da corrida lunar.

Dessa experiência foram tiradas lições técnicas muito valiosas para missões futuras, embora talvez o legado humano tenha sido ainda mais importante. Entender que, quando uma equipe se une para salvar vidas, o impossível se torna possível.

Será possível que exista um sucesso maior que esse?

Sempre digo que *algumas vezes se ganha e outras se aprende*. Cada erro com o qual você aprende, ativará sua alquimia interior. Aprender a cair para tentar novamente. Grandes homens e mulheres alcançaram o sucesso após fracassarem várias vezes. Como já vimos, errar é o caminho para descartar opções que não servem e depois alcançar novos patamares. Cada aprendizado a partir da dor e cada renúncia ao sofrimento é uma pena poderosa nas asas da sua alma.

Harmonia em conflito

O fundador do aikidô, que poderia ser traduzido como "o caminho da energia do coração" (do japonês, *Ai* – coração –, *Ki* – energia –, *Do* – caminho), nos dá lições muito interessantes nesse sentido. Morihei Ueshiba, um qualificado guerreiro na arte do combate, criou toda uma filosofia para lidar com o conflito a partir de suas revelações. Este *sensei* (mestre) não se limitou a criar uma arte para ganhar o combate, mas focou na busca da harmonia, que é a energia que canaliza a solução para qualquer problema.

Os movimentos fluidos e poderosos do aikidô foram pensados como uma aceitação do ataque do oponente. Esta arte marcial vê a luta como um intercâmbio de energia e o objetivo é dominar essa força, controlá-la e redirecioná-la a seu favor.

A excelência em um confronto é desarmar o oponente sem causar nenhum dano. É bem provável que Ueshiba conhecesse os ensinamentos de Sun Tzu, que há mais de dois milênios disse em *A Arte da Guerra*: "A suprema arte da guerra é derrotar o inimigo sem lutar".

Estabelecendo um paralelismo entre esse princípio básico do aikidô e a vida, os ataques são as discussões, os problemas, a angústia, a impotência, a dor e o erro. Maestria é ser capaz de integrá-los, controlá-los e transformar em força criativa.

Essa catarse pode ser ativada através do propósito vital, do *ikigai*, segundo o conceito também japonês. Quem encontra sua missão na vida dispõe de um poderoso motor que o impulsiona. *Motor*, aliás, compartilha etimologia com a palavra *motivação*, que implica *mover-se* e ter motivos para empreender.

Para onde sua motivação move você?

O sonho alivia o trabalho

Em relação a isso podemos recordar a história de Christopher Wren, o arquiteto responsável pela construção da catedral Saint Paul em Londres.

Dizem que um dia Wren foi disfarçado à pedreira onde se extraíam os materiais para a catedral. Queria ver como os cortadores de pedra trabalhavam. Três trabalhadores lhe chamaram atenção pelas suas atitudes completamente diferentes.

Um trabalhava com evidente preguiça e falta de vontade; o segundo cumpria sua obrigação; enquanto o terceiro mostrava uma dedicação maravilhosa em seu trabalho.

Wren se aproximou deles e perguntou o que estavam fazendo. O primeiro se lamentou por ter que trabalhar de sol a sol. O segundo respondeu que estava ali pelo dinheiro para sustentar sua família. O último, entusiasmado e sorridente, respondeu que se sentia orgulhoso por estar construindo a catedral de Londres.

O sonho alivia o trabalho.

EXERCÍCIO PRÁTICO

Qual atitude você escolhe?

Cada vez que você assumir uma tarefa, você pode escolher entre os três pontos de vista que acabamos de ver na história de Wren.

1. Assumi-la como um trabalho duro e ingrato.

2. Entendê-la como um dever a ser cumprido.

3. Olhar essa tarefa de modo que possa saber e sentir a alegria de ter contribuído com ela.

Qual das três você quer que conduza a sua vida?

28. VOCÊ É A CAUSA DA SUA BOA SORTE

Como acabamos de ver, ter uma missão vital alivia e dá sentido a qualquer trabalho a que nos propormos.

Sêneca, o sábio filósofo estoico, afirmou que a boa sorte é o ponto de convergência entre preparação e oportunidade. Desse modo, quando sua preparação e oportunidade convergem, você está em condições de criar sua Boa Sorte.

Graças à sua preparação, você é consciente de que o contexto é propício, oportuno. Você pode identificar uma oportunidade em uma situação a qual outros, sem preparação, não considerarão relevante. A situação em si pode ser arriscada, mas a sorte está em haver incorporado sua Mentalidade da Boa Sorte, ou seja, ser capaz de perceber as possibilidades que a situação oferece, compreendê-la para dessa forma utilizá-la a seu favor para seus objetivos vitais.

Você não pode controlar o destino, mas pode se preparar para moldá-lo segundo suas expectativas. Vamos compreender isso a partir do raciocínio a seguir.

O acaso é inversamente proporcional à preparação. Curiosamente, se a sua preparação for zero, qualquer número dividido por zero é matematicamente igual ao infinito. Então, sem preparação na vida, o acaso é infinito.

Porém, quanto maior for a sua preparação, mais você diminui o acaso. Quanto mais preparação, menos acaso em qualquer disciplina vital.

Se uma pessoa despreparada receber um arco e flecha e na primeira tentativa acertar o alvo, dirão que ela teve sorte. Caso contrário, se ela praticou todos os dias e disparou milhões de flechas, esse um dividido por um milhão é mais que infinito, vencendo a partida ao acaso.

Traduzido em fórmula, ficaria assim:

$$\text{BOA SORTE} = \text{PREPARAÇÃO X ACASO}$$

Sendo X o sinal da multiplicação ou combinação de ambos os fatores. Mas o acaso é inversamente proporcional à preparação. Ou seja:

$$\text{ACASO} = 1/\text{PREPARAÇÃO}$$

Se for assim, aplicando uma simples substituição teríamos que:

$$\text{BOA SORTE} = \text{PREPARAÇÃO X } 1/\text{PREPARAÇÃO}$$

Se o numerador passar para lá como denominador, então simplificamos e obtemos:

$$\text{BOA SORTE} = 1$$

Boa sorte é igual a UM! Ou seja, A BOA SORTE na verdade DEPENDE ESSENCIALMENTE DE UM, do que você faz, de você.

Embora seja verdade que o acaso faça parte da equação e da vida, à medida que você se prepara para criar circunstâncias para sua Boa Sorte, ela surgirá com maior facilidade. Se fizer isso, se você se preparar, sua Boa Sorte tenderá a se manifestar. É simples assim: preparar-se é como semear. Se você não semeia, você não colhe. Se não se preparar para ganhar a verdadeira loteria, a da vida, não irá tirar a sorte grande.

Além disso, também depende de você fazer uma leitura favorável ou desfavorável a cada circunstância que vivencia. Lembre-se de que é o seu olhar que cria o mundo. Nesse sentido, desejo compartilhar aquele que talvez seja o meu conto favorito:

Uma antiga história chinesa fala sobre um velho lavrador que morava em uma aldeia e tinha um cavalo forte e jovem para cultivar seus campos.

Um dia, o cavalo pulou a cerca do estábulo e fugiu para as montanhas. Quando os vizinhos do velho lavrador se aproximaram para consolá-lo e lamentar sua desgraça, o lavrador respondeu: "Azar? Boa sorte? Quem sabe!".

Uma semana depois, o cavalo voltou das montanhas, mas trouxe consigo uma manada de cavalos selvagens: fêmeas lindas e potros fortes. Os vizinhos, surpresos, observaram a manada dirigindo-se ao grande estábulo do velho lavrador. Era como se ele tivesse ganhado na loteria! Então os vizinhos parabenizaram o lavrador pela sua extraordinária boa sorte. Ele, calmamente, respondeu: "Azar? Boa sorte? Quem sabe!".

No dia seguinte, o filho do lavrador tentou domar um daqueles novos cavalos selvagens, mas o cavalo saltou repetidamente até causar a queda do jovem, que ao cair no chão, quebrou uma perna, um braço e um par de costelas. Todo mundo considerou isso uma desgraça. No entanto, o lavrador se limitou a dizer: "Azar? Boa sorte? Quem sabe!".

Semanas depois, o exército chinês chegou ao povoado e todos os jovens, que se encontravam em boas condições físicas, foram recrutados, já que o país estava em guerra com o país vizinho. Mas, assim que o capitão viu o filho do lavrador completamente lesionado e imobilizado, o deixaram em paz, já que levar um jovem ferido seria um estorvo e ainda faltavam meses para que ele se recuperasse. Mais uma vez, os vizinhos foram à casa do velho lavrador cumprimentá-lo pela boa sorte que ele e sua família tiveram ao evitar que um de seus filhos fosse para a guerra. E novamente, o velho abriu a porta, sorriu gentilmente, ouviu os cumprimentos de seus vizinhos, os olhou com calma e disse: "Azar? Boa sorte? Quem sabe!".

Deste sábio e breve relato podemos aprender que muitas circunstâncias que à primeira vista podem parecer um contratempo, no fundo escondem um presente inesperado, igual quando o cavalo do velho lavrador foge (azar), mas após uns dias volta seguido de uma grande manada (boa sorte.) Da mesma forma, situações que podemos considerar favoráveis à primeira vista (os vários cavalos que entram no estábulo do velho lavrador inesperadamente) podem ser situações que ao longo do tempo geram dificuldades e desafios (o filho do velho lavrador se acidenta, lesionando-se gravemente ao tentar domar um dos novos cavalos). E assim, sucessivamente.

A vida é isto: um sopro. Portanto, boa sorte? Azar? Quem sabe! Seja como for, se você adotar a atitude do velho e sábio lavrador, viverá sua vida de uma maneira mais aberta. Sem garantia de nada. E com essa serenidade, aceitação e paz interior, poderá lidar melhor tanto com o que inicialmente parece favorável (boa sorte) quanto com o que inicialmente se mostra como uma situação desagradável ou difícil (falta de sorte). Em resumo, quem sabe! Mas nunca deixe de trabalhar para criar circunstâncias que convidem a sua Boa Sorte a ficar e mandar o azar embora. E a chave para que tudo isso aconteça é o seu preparo.

EXERCÍCIO PRÁTICO

Reduza o acaso a zero

1. Primeiro decida qual objetivo é sua prioridade vital agora mesmo.

2. Avalie de 1 a 10 o grau de preparação que você considera ter nesse assunto.

3. Se o resultado for 5 ou menos, você vai precisar do acaso para realizá-lo, então eu sugiro que se prepare melhor para que diminua essa variável. De que maneira você pode maximizar o seu preparo para alcançar a nota máxima?

4. Quando você tiver otimizado o seu preparo, o acaso será reduzido a zero. A partir daí, a Boa Sorte já depende de você.

29. COMECE A CRIAR SUAS CIRCUNSTÂNCIAS AGORA MESMO

O futuro tem tantas faces, só depende de como cada um de nós o pinta. Agora pintamos essa criação, essas faces, no presente. Aqui e agora.

O escritor Victor Hugo, em uma tentativa de captar a essência do futuro, o definiu da seguinte forma: "O futuro tem muitos nomes. Para os fracos é inalcançável. Para os temerosos, o desconhecido. Para os valentes, é a oportunidade".

Nos capítulos anteriores, vimos tudo que precisamos para criar a Boa Sorte. Agora já sabemos que a Boa Sorte deve ser cultivada, preparada, reconhecida e trabalhada como um terreno fértil.

E se você preparar esse terreno, seu futuro não será inevitável, será "inventável" por você.

Como afirmava o consultor austro-americano Peter Drucker: "A melhor maneira de prever o futuro é criá-lo".

Um momento heroico

Quando você entende isso, mais cedo ou mais tarde, surge um momento heroico: *uma decisão que dura um segundo e que pode mudar o resto da sua vida*. No fundo, você sabe que é o momento certo para deixar o medo de lado, porque *o que separa você da vida que tanto deseja é esse temor.*

As grandes personalidades que mudaram a trajetória da história aproveitaram cada momento heroico. Decisões tomadas em um momento que mudam a maneira a qual você decide viver o resto da sua vida.

Rosa Parks, a "primeira-dama dos direitos civis", como ficou conhecida no Congresso norte-americano, iniciou um movimento contra a segregação racial com um gesto tão simples quanto corajoso: não ceder o seu assento no ônibus a um passageiro branco.

Embora ela tenha sido detida, nessa decisão havia um compromisso pessoal que causou uma onda de solidariedade e indignação em todo o país. Esse simples gesto mudou a história dos Estados Unidos e do mundo.

As ações que você toma de maneira coerente e consistente são as que criam o futuro que deseja. O acaso quis que Rosa Parks fosse uma pessoa de pele negra em uma época de discriminação, mas ela soube agir muito bem e dessa forma criou outro futuro no qual sua dignidade e a de milhões de outros seres humanos fossem respeitadas.

Na Grécia antiga eram utilizadas duas palavras para definir o tempo: *kronos*, o tempo medido, e *kairós*, referindo-se à qualidade do tempo, à capacidade que temos de ser oportunos. Da mesma forma que um beijo dura poucos segundos, ele pode mudar uma vida. Assim como um abraço, uma palavra gentil, a leitura de uma frase inspiradora ou um gesto de generosidade.

Kronos é o objetivo, é o tempo mensurável (daí vêm as palavras como cronômetro, cronometrar e cronologia, por exemplo), e *kairós* é tocado pelo coração. *Kairós* é o momento inspirado, o momento da decisão heroica, o segundo em que vemos claramente que queremos e devemos nos transformar.

Como aproveitar o momento? A pergunta destina-se a como vivemos o *kairós* e às vezes uma pergunta tão simples como *o que você faria agora se te dissessem que lhe restam dois meses de vida?* Isso coloca você fortemente nesse kairós.

O que parece
impossível

Imagine que você tem apenas dois meses de vida, dois meses para fazer o que o deixa mais feliz, sem adiamentos. Não faria mais sentido procrastinar, não é mesmo? Quando acreditamos que dispomos de todo o tempo do mundo deixamos de valorizar cada segundo. A escassez ativa nossa atenção, além de nossa intenção e ação.

Pense o que você faria nesses últimos dois meses de respiração vital.

Quando souber a resposta, a pergunta é: *por que você não faz isso agora?*

Talvez você me responda que aquilo que o seu coração deseja parece impossível. E eu te respondo com uma frase de Eleanor Roosevelt: "Você precisa fazer aquilo que pensa que não é capaz de fazer".

A espera passiva leva ao desespero, ao conformismo e ao dragão do medo, como narrei em minha fábula *Os sete poderes*:

> O dragão e o cavalheiro se olharam nos olhos e, embora a intensidade do olhar do monstro quase o deixou cego, o jovem se manteve firme e o desafiou:
>
> — Quem é você? – gritou com toda a força de seus pulmões.
>
> — Sou um dragão, sou esse pesadelo que se esconde em sua alma e você deverá me vencer para seguir em frente.
>
> Desnorteado, o Jovem Cavalheiro sacudiu a cabeça. Não entendeu aquelas palavras.
>
> — Sou o Dragão do Medo, aquele que bloqueia o caminho de quem quer criar seu destino, aquele capaz de produzir o que é temido. Eu ouvi o chamado da sua voz interior. Venho destruir seu futuro, fazer com que você perca tudo que seja possível. Eu senti seu medo de perder, e estou aqui para realizar esse desejo que tantos humanos nutrem sem saber: o medo de perder... Quanto mais você teme, mais fácil é o meu trabalho.

Então, foi quando o Jovem Cavalheiro olhou nos olhos do Dragão do Medo e compreendeu que, na verdade, era ele quem alimentava o dragão com seu temor. Decidiu dar um passo à frente e enfrentá-lo. De repente, o dragão começou a se transformar, diminuiu de tamanho e começou a perder aquela raiva devastadora.

O cavalheiro, seguro de si, deu um segundo passo à frente. Sem temor e com o dragão quase ao alcance de sua mão, disse-lhe:

— Acabo de compreender que não cheguei a você por acaso. Vim aqui para ouvi-lo. Acredito que seus gritos, sua raiva e seu fogo guardam um grande poder que neguei durante muito tempo.

O dragão, cuja cor havia passado de preto para cinza e cujos olhos perderam o brilho furioso que nasce da ira, falou:

— Quanto mais você me observa, mais me ouve, menos poder terei para te bloquear, para te paralisar. Se você me negar, te dominarei; mas se você me aceitar, te transformarei.

O jovem respondeu:

— Você está em mim. Reconheço, aceito e agradeço sua mensagem. Daqui em diante, prometo não o ignorar e reconhecer que você, Dragão do Medo, oculta e guarda um grande poder.

Dito isso, o cavalheiro deu um terceiro passo à frente, em um gesto de confiança e entrega, mostrando as palmas de suas mãos ao dragão... E algo milagroso aconteceu. O dragão se transformou completamente e tomou forma de um belíssimo unicórnio branco, cujos olhos tinham o mais nobre dos olhares e cuja voz transmitia uma profunda paz.

Depois de olhar para o céu, o unicórnio disse:

— Vá além das suas limitações, convença seus medos, fale com suas dúvidas e ouça suas inseguranças. Ao fazer isso, verá que cada desafio que aceitar será uma escolha que o fará crescer e assim perceberá que ao deixar o medo de lado, o desafio se tornará uma oportunidade extraordinária. E agora, mesmo que você me veja partir, minha alma permanecerá com você. Siga seu caminho em paz.

A paz te espera quando você decidir superar seus medos.

E o melhor chegará se você decidir lutar pelos seus sonhos. Sem dúvidas, você crescerá, aprenderá.

A oportunidade se apresenta quando você sabe o que deseja alcançar. É quando você pode identificá-la claramente.

Saber que você pode
Querer que seja possível
Deixar os medos de lado, jogá-los fora
Pintar o rosto da cor da esperança
Atrair o futuro com o coração

É o que diz a linda canção de Diego Torres.

Você decide atrair seu futuro com seu coração?

EXERCÍCIO PRÁTICO

Criando suas circunstâncias

1. Quais são os dragões dos seus principais medos?
2. Que unicórnios você acha que estão por trás deles?
3. Que circunstâncias você pode criar para sua esperança e sentido futuro?
4. Que pessoas podem te ajudar?
5. Para o que você sente que precisa se preparar?

30. VOCÊ É A MENINA OU O MENINO DO SEU FUTURO

A decisão mais importante que você pode tomar é a de quem quer ser e o que quer conquistar na vida. É fundamental questionar se você pretende viver não como pensa que é, mas como acredita que pode se tornar na plenitude do seu potencial transformado em realidade.

A respeito disso, o escritor uruguaio Eduardo Galeano nos convida a não colocar limites: "A utopia está lá no horizonte. Se dou dois passos, ela se afasta dois passos e o horizonte se afasta dez passos. Para que serve a utopia? Serve para isto: para que eu não deixe de caminhar".

Quando você admite que pode mudar, avançar e transformar seus desejos em realidades a partir da sua maneira única de ser e de ver e criar a vida, é necessário entregar tudo para o presente, já que está aqui para torná-lo seu. Quando você vive a vida desta maneira, qualquer momento e lugar são perfeitos, é o adequado, e você sente que está onde deve estar porque o que define a qualidade da experiência é a qualidade de sua consciência, presença, gratidão e abertura interior.

Isso se reflete em uma bonita parábola sobre a razão de existir:

O mestre Confúcio passeava com um de seus discípulos pela floresta. O sábio caminhava e contemplava as árvores e os pássaros que encontrava, esboçando um grande sorriso, respirando profundamente e desfrutando a paisagem.

Seu discípulo, ao contrário, se mostrava inquieto, pois não fazia ideia de para onde iam e já caminhavam há muito tempo; pareciam perambular sem sentido.

Depois de caminhar várias horas sem um destino aparente, sentindo-se incomodado pela dúvida, o discípulo finalmente rompeu o silêncio e perguntou agitado:

— Aonde quer chegar?

E Confúcio, acompanhado de um gesto gentil, respondeu:

— Sempre estamos no lugar certo.

Uma carta para você

Nesse ato pessoal de realização, para dar forma à sua nova vida, como sugerimos no capítulo 24, escrever é uma ferramenta valiosa. Deixar nossos propósitos escritos em um papel ou digitados em uma tela, nos ajuda a concretizá-los, a materializá-los.

Quero usar essa ferramenta para guiar e fortalecer o seu trajeto na criação de sua Mentalidade da Boa Sorte.

Não é uma linha reta, não tem um princípio, nem um final. É um fio que nos sustenta através de uma floresta cheia de beleza e de contrastes, como aquele que Confúcio e seu discípulo visitaram, para que não nos percamos.

É uma carta que convido você a escrever para si mesmo a partir de hoje, para cada manhã que vier.

Na carta que escreverá ao seu eu do futuro, é importante que você expresse o seguinte:

* **O que você quer e o que quer ser?** Seja honesto e apoie--se em suas verdadeiras forças e prioridades. Nossos sonhos, se quisermos vê-los tornando-se realidade, nos pedem clareza, honestidade e atitude positiva.

* **Qual é o seu sonho?** Visualize-o, defina-o e descreva detalhadamente o que deseja realizar. Mas, acima de tudo, veja o que depende de você para realizá-lo, como diriam os estoicos, porque é a parte que produzirá sua transformação vital. *Cabe a você acreditar para criar. Porque confiar, acreditar, amar, criar e realizar são os cinco verbos que transformam o mundo.* Formam uma corrente cujos elos precisam ser soldados para manter seu objetivo vivo. *Quem confia, acredita; quem acredita, ama; quem ama, cria; quem cria amando e confiando, realiza.*

* **Divida a tarefa em pequenas tarefas possíveis.** Um roteiro excessivamente ambicioso nos leva ao fracasso, e alimenta esse vitimismo baseado em que, por mais que tentemos, nada acontece ou nada dá certo. Algumas vezes, as metas irrealistas são uma forma de autossabotagem inconsciente. Como diziam os romanos: *dividir para conquistar.* Portanto divida seu desejo em pequenas metas que sejam progressivamente alcançáveis e que, ao realizá-las, você se sinta motivado e inspirado.

* **Coloque uma data.** O poeta Walt Whitman disse: "A felicidade não está em outro lugar, mas bem aqui, não é coisa para outra hora, mas agora". Prolongar os processos significa deixá-los morrer de fome devagar. Ao se movimentar e melhorar um pouco a cada dia, mesmo que seja só 1% do Kaizen, você se motiva, porque pouco a pouco verá os resultados que te estimulam a continuar acreditando e criando.

Seu futuro exponencial

Precisamente agora desejo recuperar a ideia de Kaizen de que já falamos no capítulo 26 e das pequenas melhorias mantidas ao longo do tempo. Agora daremos mais um passo, e mostrarei a você o poder do crescimento paciente, persistente e constante através da tabela seguinte. Nela você verá o que é possível melhorar com apenas 1% a cada dia. Porque tudo o que temos falado pode ser traduzido em metas, em cifras, cujo resultado de melhoria mantido ao longo do tempo é surpreendente.

Nessa tabela, você pode ver o processo cumulativo de melhoria de 1% em uma determinada habilidade no período de quatro meses, ou seja, 120 dias.

Dia 1	100%	Dia 31	135%	Dia 61	182%	Dia 91	245%
Dia 2	101%	Dia 32	136%	Dia 62	183%	Dia 92	247%
Dia 3	102%	Dia 33	137%	Dia 63	185%	Dia 93	250%
Dia 4	103%	Dia 34	139%	Dia 64	187%	Dia 94	252%
Dia 5	104%	Dia 35	140%	Dia 65	189%	Dia 95	255%
Dia 6	105%	Dia 36	142%	Dia 66	191%	Dia 96	257%
Dia 7	106%	Dia 37	143%	Dia 67	193%	Dia 97	260%
Dia 8	107%	Dia 38	145%	Dia 68	195%	Dia 98	263%
Dia 9	108%	Dia 39	146%	Dia 69	197%	Dia 99	265%
Dia 10	109%	Dia 40	147%	Dia 70	199%	Dia 100	268%
Dia 11	110%	Dia 41	149%	Dia 71	201%	Dia 101	270%
Dia 12	112%	Dia 42	150%	Dia 72	203%	Dia 102	273%
Dia 13	113%	Dia 43	152%	Dia 73	205%	Dia 103	276%
Dia 14	114%	Dia 44	153%	Dia 74	207%	Dia 104	279%
Dia 15	115%	Dia 45	155%	Dia 75	209%	Dia 105	281%
Dia 16	116%	Dia 46	156%	Dia 76	211%	Dia 106	284%
Dia 17	117%	Dia 47	158%	Dia 77	213%	Dia 107	287%
Dia 18	118%	Dia 48	160%	Dia 78	215%	Dia 108	290%
Dia 19	119%	Dia 49	161%	Dia 79	217%	Dia 109	293%
Dia 20	121%	Dia 50	163%	Dia 80	219%	Dia 110	296%
Dia 21	122%	Dia 51	164%	Dia 81	222%	Dia 111	299%
Dia 22	123%	Dia 52	166%	Dia 82	224%	Dia 112	302%
Dia 23	124%	Dia 53	168%	Dia 83	226%	Dia 113	305%
Dia 24	126%	Dia 54	169%	Dia 84	228%	Dia 114	308%
Dia 25	127%	Dia 55	171%	Dia 85	231%	Dia 115	311%
Dia 26	128%	Dia 56	173%	Dia 86	233%	Dia 116	314%
Dia 27	130%	Dia 57	175%	Dia 87	235%	Dia 117	317%
Dia 28	131%	Dia 58	176%	Dia 88	238%	Dia 118	320%
Dia 29	132%	Dia 59	178%	Dia 89	240%	Dia 119	324%
Dia 30	133%	Dia 60	180%	Dia 90	242%	Dia 120	327%

Suponhamos que no 1º dia você tenha uma determinada habilidade a qual daremos nota 100, embora possa continuar aprimorando-a. A partir daí trata-se de crescer apenas 1% em relação ao dia anterior. Ao melhorar apenas 1% a cada dia, irá acumulando essa porcentagem de melhoria em relação aos dias anteriores. Se você prestar bem atenção, verá que depois de um mês, em trinta dias, terá melhorado por volta de 33% (na tabela aparece a cifra 133%, isso é 33% a mais que no 1º dia), mas depois de dois meses, 80%; em três meses, 142%. Em quatro meses, 227%. Quanto mais você persevera em melhorar, mais sua melhoria aumenta com o passar do tempo.

Se prestar bem atenção, no 71º dia você já teria melhorado ao redor de 101%. É evidente que nem sempre podemos manter melhorias permanentes e diárias de 1%, mas a ideia-chave que desejo transmitir é que o bem se acumula ao anterior, por menor que seja, e é disso que se trata, de manter essa vontade de melhoria perseverante e constante dia após dia.

E ao contrário, acontece o mesmo: outra mensagem muito relevante que o Kaizen (a melhoria contínua) nos mostra é que aquilo que não cresce, diminui. Então, da mesma maneira que as melhorias que você faz cotidianamente em sua vida causam em você um crescimento e um desenvolvimento acumulado que se acelera cada vez mais, o contrário também é válido: *quando você abandona a si mesmo, seus processos de queda também se aceleram porque a cada dia você perde mais devido ao acúmulo de perdas em relação às perdas anteriores.*

A pergunta então é clara e simples: você decide melhorar um pouco a cada dia? Você decide aplicar a sua MBS e criar circunstâncias que te levam a um crescimento exponencial a médio e a longo prazo nos aspectos de sua vida que deseja melhorar? Você decide acrescentar a quarta folha ao seu trevo da Boa Sorte?

EXERCÍCIO PRÁTICO

Aja e confie

1. Como já vimos, se você quer prever o futuro, crie-o a partir de agora: o futuro é você. Não está nas mãos do tempo, e sim nas suas. Porque, se não fizer nada no futuro, em vez de crescer, irá regredir. Mas se agir com sua Mentalidade da Boa Sorte, irá crescer. Sem ação só há pensamento. E a linguagem da realidade é a ação.

2. Você pode deixar escrito os passos que quer dar para agir. Criará suas circunstâncias ativamente e assim você aprende a melhorar constantemente.

3. E então? A nona regra do relato A Boa Sorte mostra que "Quando você já tiver criado todas as circunstâncias, tenha paciência, não desista. Para que a Boa Sorte chegue, confie". Como disse Henry David Thoreau: "Siga confiante na direção dos seus sonhos. Viva a vida que imaginar".

O trevo de quatro folhas é o símbolo universal da Boa Sorte.

Geralmente, um trevo tem três folhas.

Não é comum encontrar trevos de quatro folhas.

A quarta folha é você quem coloca, a cada instante, graças à sua Mentalidade da Boa Sorte e à sua vontade de crescimento, aprendizado e contribuição constante.

QUARTA PARTE

Quarta folha do seu trevo da Boa Sorte

SEM DESCULPAS: A QUARTA FOLHA É VOCÊ QUEM COLOCA A CADA INSTANTE

31. RESUMO DO LIVRO

Você e eu percorremos juntos trinta lições para criar sua Boa Sorte a partir da sua Mentalidade da Boa Sorte.

Espero que você tenha gostado da viagem, que tenha sido agradável e que, acima de tudo, tenha encontrado ideias que agregam valor à sua vida para melhorá-la, transformá-la, torná-la mais próspera e que assim conquiste a sua realização e felicidade.

Tentei transmitir todos esses anos de experiência apoiando milhares de pessoas e organizações nestas trinta lições, mas quero fazer um resumo de tudo isso, de modo que você possa vir a este capítulo cada vez que quiser recordar a essência deste livro.

De todo coração, quero dar a você todas as ferramentas mais poderosas que conheci no campo da transformação pessoal.

Até aqui você tem trinta lições e, acessando o código QR que mencionamos no início do livro, você terá acesso a uma página com outros trinta recursos e uma surpresa que desvendarei no capítulo seguinte.

Portanto, não há desculpas, além do livro e do material *on-line* adicional de presente, aqui você tem o resumo do livro capítulo por capítulo, para que sempre tenha à mão a capacidade de acrescentar a quarta folha aos trevos de três folhas que encontrar em sua vida. Porque você sempre pode acrescentar a quarta folha!

1. **Do impossível ao possível**

   a. Nada é impossível se você cria novas circunstâncias a partir da ação responsável, da humildade e do aprendizado contínuo.

   b. A partir da responsabilidade e do aprendizado que você adquire ao longo do caminho, pode reescrever o roteiro de sua vida. Passar do impossível ao possível criando novas circunstâncias.

   c. Ao alcançar o possível, você pode aumentar a probabilidade de conquista ou realização através da responsabilidade sobre cada ação de sua vida, a humildade fértil que evita a cegueira da vaidade, o aprendizado constante que levará você a crescer sem parar e a ação, já que esta última é a verdadeira linguagem da realidade se você realmente quer transformar a si mesmo e ao mundo.

2. **Não há dor maior que a dos sonhos não realizados**

   a. As pessoas se arrependem muito mais daquilo que não fizeram quando desejavam profundamente fazê-lo do que daquilo que fizeram e não tiveram um bom resultado.

   b. A coragem não é ausência de medo. Pelo contrário, a pessoa corajosa tem medo, mas sente que vale a pena se arriscar.

   c. *Os seus temores não evitarão a morte, mas o impedirão de viver,* roubarão sua energia para realizar e ser aquilo que quiser plenamente.

3. **Saber e não fazer é o mesmo que não saber**

   a. A Mentalidade da Boa Sorte não se limita ao pensamento, é uma mentalidade voltada para a ação. Falar não é suficiente, é necessário agir, porque quando você toma ação, seus atos falam por si. Suas ações são o seu eu verdadeiro, seu eu-experiência.

b. A vida é feita de ações e das lições extraídas delas constantemente graças à reflexão. Todos sabemos que *na vida às vezes se ganha e outras vezes se aprende.*

c. Se você tirar lições positivas dos momentos complicados, transformará a dor em algo útil para sua vida. Esse é o sofrimento produtivo. Quando a adversidade bate à sua porta, você pode se entregar ou aceitar o desafio de aprender.

4. Olhe com apreço

a. O seu olhar pode ser depreciativo, neutro ou apreciativo. Muitas pessoas vão pelo mundo exercendo constantemente um olhar depreciativo. Passam boa parte do dia criticando e julgando os demais, gratuitamente, sabendo muito pouco ou nada daqueles que estão julgando.

b. O olhar apreciativo consiste em olhar para si mesmo, para os demais e para a vida em busca daqueles elementos que se destacam, que são positivos, que somam, que unem. Seu mundo muda porque o seu olhar o transforma a partir do exercício voluntário e consciente de querer ver o belo, o bom e o verdadeiro no mundo, em vez de passar o tempo criticando, sentindo ciúme e procurando defeitos.

c. Portanto, talvez o mais inteligente que nós, seres humanos, podemos fazer é aproveitar o tempo que nos sobra para adquirir a sabedoria que nos falta através do olhar apreciativo, o aprendizado permanente e a reflexão crítica.

5. A oportunidade está relacionada a ser oportuno

a. A oportunidade não é um presente que chegará até você, mas que está na sua capacidade de reconhecer – saber ver e apreciar o que os outros desprezam – e agir para dar valor à possibilidade ainda não realizada.

b. Por esse motivo, muitas vezes as oportunidades podem passar despercebidas. O que para alguns é uma oportunidade maravilhosa, para outros é um problema insuperável. Quantas vezes você já viu duas pessoas reagirem de maneira radicalmente diferente ante uma mesma situação? Uma se entrega ou se retira e a outra encontra nessa experiência um tesouro de aprendizado e transformação.

c. Portanto, as oportunidades são como um tesouro à vista de todos, ou seja, às vezes são tão óbvias que não percebemos, tão evidentes que passam inadvertidamente, tão eloquentes que se tornam invisíveis para aqueles que não sabem reconhecê-las, não estão preparados e não querem agir. Por isso a palavra oportunidade se relaciona com ser oportuno. Isso não significa que as oportunidades sejam óbvias; é você quem tem que desenvolver a capacidade de reconhecê-las.

6. A resignação é um suicídio cotidiano

a. Resignar-se não significa aceitar e digerir "o que tem pra hoje", mas cruzar os braços e desistir de traçar o roteiro da vida que você escolheu. *Resignar-se não resolve nem a inquietude nem o desconforto.* Na verdade, só piora.

b. Resignar-se é suportar, mas não devemos confundir a resignação com a aceitação, porque não são a mesma coisa. Enquanto a resignação está na criança interior que tem medo, a aceitação está no adulto interior que quer ver com clareza. Da resignação, você foge, mas da aceitação, você cresce. Resignar-se é retrair-se e retirar-se. Aceitar é querer ver com clareza, encarar a vida com amor, verdade e honestidade, querer ver claramente para poder pisar com firmeza. Resignar-se é cair. Aceitar é avançar.

c. No entanto, a ação deve ser acompanhada de reflexão e de uma atitude saudável, sem pressa, aceitando o peso da dor ou do desconforto para a mudança que você deseja conquistar. Lembre-se: não pode haver sabedoria sem reflexão; não pode haver reflexão sem quietude, sem parar um pouco, sem parar para pensar. Graças a esse ato de parar e refletir, você alcançará a lucidez e a sabedoria que te permitirão viver com aceitação e sem resignação.

7. **A chave para uma vida plena: a longanimidade**

   a. A longanimidade é "a grandeza para aceitar as adversidades a favor de outrem". Também é "bondade, clemência e generosidade". Este conceito entra em conflito com a atual cultura do imediatismo, em que tudo quer ser alcançado de forma rápida e sem esforço, em benefício do indivíduo e não da comunidade.

   b. A longanimidade implica resiliência mantida ao longo do tempo, pois implica força, humildade, determinação e aprendizado constante. Lembre-se de que a resiliência é a capacidade que as pessoas têm de se adaptarem a situações adversas obtendo resultados positivos. Quem é resiliente cai e se levanta tendo aprendido a cair para uma próxima ocasião. Quem tem longanimidade, ou seja, quem é longânime, mantém e exerce esse aprendizado ao longo do tempo, permanentemente.

   c. Portanto, por um lado, a longanimidade implica ter uma visão a longo prazo, sabendo que a vida nos espera com múltiplos desafios que podemos transformar em oportunidades de crescimento próprio e alheio, e por outro lado, evita a preguiça e a pusilanimidade – que seria o contrário de coragem, já que ser pusilânime implica pouco ânimo e falta de coragem para agir, enfrentar perigos ou dificuldades ou suportar desgraças – no dia a dia.

8. **Isso também passará**

    a. *Nada que nos ocupe ou nos preocupe será eterno.* Nem o bom nem o ruim dura para sempre. Tudo passa, o agradável e o desagradável. Tudo é um sopro, um vaivém. Diante da natureza finita de toda experiência, disfrutemos o que é bom, aprendamos com o que nos causa dor e sofrimento, e para isso é um alívio viver com...

    b. *Paciência* para aprender com tudo aquilo que você viveu, permanentemente. *Humildade* para se desapegar, reinventar-se, transformar-se. Deixar o velho de lado e abrir caminho para o novo. *Alegria e curiosidade* em relação ao novo. Abrir os braços da alma para acolher o inesperado e saber aproveitá-lo. *Aprender a viver na incerteza consciente* (ou seja, querer viver com os olhos abertos e bem atentos a um futuro que é sempre inimaginável) em vez de querer viver na *certeza inconsciente* (ou seja, desejar uma vida cheia de garantias proporcionadas pelos demais, o que é um sintoma de profunda imaturidade).

9. **A pergunta mais importante: o que eu tenho que aceitar?**

    a. *A aceitação desata a proatividade.* Certamente, encarar a vida de uma maneira positiva é algo muito bem-vindo, mas isso não é tudo. Aliás, a aceitação pode chegar a ser uma ferramenta muito mais poderosa que manter uma atitude positiva. É possível ser positivo sem mover um dedo. Mas é necessário algo mais. Se a sua intenção é conectar-se com o princípio da realidade, o fundamental é buscar a verdade, por mais difícil que pareça.

    b. *É necessário coragem para a aceitação,* é preciso superar o medo e enfrentar com humildade e confiança as lições vitais que você recebe em todas as dimensões, desde a profissional até as sentimentais. Ao comprometer-se com a aceitação, você deixa de resistir e ocorre a tão esperada transformação que te leva à *realização pessoal.*

c. Você pode fingir ingenuamente que a dificuldade não existe, mas cedo ou tarde ela irá te encontrar. Por esse motivo, *a aceitação ativa combate a frustração da resignação passiva.*

10. Se quer que os outros acreditem em você, seja o primeiro a fazê-lo

a. A confiança se desenvolve exercitando-a por meio de ações que transformam sua realidade constantemente. A soma permanente de pequenas e grandes vitórias irá permitir que confie cada vez mais em você, fazendo com que sua autoestima e produtividade aumentem.

b. Qualquer transformação, inovação ou projeto que na verdade foram desenvolvidos por loucos que venceram seus próprios medos, e pelas opiniões de outros que afirmavam que nunca conseguiriam. Para conquistar novos desafios, é necessário ter os pés no chão, mas a cabeça nas estrelas.

c. Crie seu próprio "Caderno de Soluções" e dedique a esta tarefa uns 15 minutos todos os dias, para que possa melhorar a si mesmo e sua vida anotando ideias e soluções que te permitam crescer constantemente como pessoa, como profissional e como cidadão. Em resumo, faça deste caderno o livro mais importante de sua vida porque, com o passar do tempo, você verá em suas páginas o que foi escrito com sua própria letra, como você tem evoluído constantemente ao enfrentar e superar suas próprias condições, criando e realizando novos objetivos e metas.

11. Os princípios de Jefferson

Thomas Jefferson foi o terceiro presidente dos Estados Unidos da América, apostou em um sentido comum – o menos comum dos sentidos – e, com uma simplicidade lúcida, reuniu dez princípios que continuam plenamente vigentes para facilitar sua vida:

1. Nunca deixe para amanhã o que você pode fazer hoje.

2. Nunca incomode os demais por algo que você mesmo pode fazer.

3. Nunca gaste o dinheiro antes de ganhá-lo.

4. Nunca compre aquilo que não quer só porque é barato.

5. O orgulho sai mais caro que a fome, a sede e o frio.

6. São raras as vezes que nos arrependemos de ter comido pouco.

7. Nada do que fazemos de boa vontade incomoda.

8. Quanto sofrimento nos causam as desgraças que nunca nos aconteceram?

9. Veja sempre o lado bom das coisas.

10. Quando sentir raiva, conte até dez antes de falar, e se estiver muito bravo, até cem.

12. Sonhar com novas possibilidades

a. Você não é apenas *aquilo que faz*. Você também é aquilo *que sonha*. Primeiramente suas conquistas fazem parte de uma fantasia, mas você pode permitir-se realizá-las. *A priori*, os obstáculos que surgem em seu caminho muitas vezes não dependem de você, mas a capacidade de sonhar e de realizar, sim.

b. Afinal de contas, o que é sonhar? É *abrir a mente a novas possibilidades*, à oportunidade que aparece como um novo horizonte. Sonhar requer deixar o medo e a exaustão de lado para se aventurar na mudança.

c. Boa parte da sua vida depende de sua vontade de tornar seu inconsciente consciente. Se você se perguntar por que sempre tropeça na mesma pedra, em uma repetição que considera absurda, poderá pedir explicações, precisamente, ao seu inconsciente. E para fazer isso é importante questionar a si mesmo, pedir ajuda se necessário a alguém que te conheça bem, te ame e te ouça sem julgá-lo, para que possa ir vendo os mecanismos inconscientes que te façam tropeçar repetidamente na mesma pedra. Pedir ajuda psicológica também pode ser muito útil e revelador.

13. O melhor está por vir! (mas, por precaução, vá em frente)

a. *Suas possibilidades disparam quando você opta por solucionar, escolher, fazer e concluir.* Não é à toa que a palavra *resolver* está relacionada a vários outros termos claramente benéficos para seus planos e projetos: resolução, solução, solvência... Acontece que, etimologicamente, o verbo *resolver* vem do vocábulo latino *resolvere*, que significa "desatar", "liberar", "desbloquear".

b. As ideias são voláteis, se evaporam com facilidade, mas as ideias escritas são como a fotografia de seus pensamentos. Aquilo que você escreve em um papel pode adquirir a força e o compromisso de um contrato. Vamos lá:

- *Concretize o que quer alcançar.* Escreva o que deseja, como deseja, o quanto deseja e quando deseja. Coloque datas, procure um mentor se for necessário e comece a trabalhar.

- *Trabalhe com a gratidão.* Comece valorizando o que você já tem, dedicando um minuto por dia escrevendo: "Agradeço três coisas neste momento da minha vida: _____, _____ e _____". Lembre-se de que a prática da gratidão eleva sua consciência, melhora seu humor, melhora seu estado de ânimo e sua saúde em geral. A gratidão é milagrosa!

- *Aja como se já tivesse conquistado!* Além de ser proativo e seguir um plano, visualize a conquista daquilo que você se propõe como se já tivesse conquistado. Isso te ajudará a derrubar muros mentais.

14. "Levei dez anos para fazer sucesso da noite para o dia" (Woody Allen)

a. Um requisito prévio para viver oportunidades incríveis é ser perseverante. *Tempo, esforço, paciência e constância.* Entender que o progresso, por mais lento que seja, ainda é um progresso.

b. Hesíodo, o historiador romano, disse o seguinte: "Se acrescentas pouco a pouco, mas com frequência, logo esse pouco passará a ser muito". Em relação a isso, lembre-se da história do bambu japonês, baseado em um fato: o bambu demora anos para sair à superfície, já que desenvolve um sistema complexo de raízes que lhe permite, em apenas algumas semanas, crescer vários metros. As boas raízes sustentam um desenvolvimento rápido e sólido, ambos ao mesmo tempo. Sem raízes não há asas.

c. Se você quer que o seu crescimento seja rápido e sólido, primeiro é necessário ter base, boas raízes, e essas raízes são uma boa preparação e formação, experiência e aprendizado de seus erros, fazer com que seu sofrimento seja produtivo, humildade (lembremos, vem de húmus) para viver com os olhos abertos – porque a vaidade cega, mas a humildade revela – e a ação constante melhoria.

15. Aplique a regra DSC

a. *Deixar de fazer* o que não te beneficia, abandonar o supérfluo, te permite aproveitar melhor o tempo. E se você administra melhor o seu tempo e seus esforços, terá os recursos necessários para otimizar a sua vida. A famosa

Lei de Pareto pode te ajudar nisso, o economista italiano que há mais de um século já apontava que *80% dos resultados são produzidos por 20% das causas.*

b. *Seguir fazendo.* O que você faz bem, mas não faz frequentemente? O que aconteceria se você ampliasse a proporção daquilo que faz de melhor e o que lhe traz mais satisfação? Nunca se esqueça de consertar "suas janelas quebradas" o mais rápido possível. Lembre-se de que quando você não conserta imediatamente algo que não está funcionando em sua vida (uma "janela quebrada"), isso transmite uma mensagem ao mundo: *"Aqui ninguém cuida disso, isso está abandonado e pode ser roubado".*

c. *Começar a fazer.* O destino é aquilo que nos acontece se não fizermos nada para evitá-lo. As pessoas que não assumem responsabilidades e deixam tudo nas mãos do acaso ou das circunstâncias sempre se deixam levar. Criar sua Mentalidade da Boa Sorte implica, neste terceiro passo, saber o que você não está fazendo, mas que se fizesse, se introduzisse no seu dia a dia, porque está ao alcance de suas mãos e das circunstâncias, poderia mudar a sua vida.

16. A mentira e o erro

a. O erro nunca deve ser considerado um incômodo: o que te debilita é a mentira. E, apesar de que errar e mentir sejam coisas bem diferentes, frequentemente andam de mãos dadas. Várias vezes, por não querer encarar o erro e consertá-lo, resolvê-lo e pedir desculpas, você pode entrar nas areias movediças da mentira, que aparece para mascarar, manipular ou negar esse erro.

b. Para encobrir um erro, a mentira abre a porta para falsas desculpas, ocultações, deturpações, acusações, orgulho, negação da realidade e tantas outras perversidades. E esse tipo de *erro* (a mentira e suas derivadas) tem consequências graves tanto para quem a conta como para quem a recebe. A mentira contamina a mente de seu emissor e de seus receptores. Afasta ambos da realidade e das verdadeiras soluções.

c. Para não confundir o erro com a mentira, é necessário ter consciência e educação emocional. Errar é humano, como diz o ditado, até divino, se nos comprometermos a evoluir e melhorar a partir disso. Não tenha dúvidas, a mentira te destrói, a verdade te liberta. E os fundamentos da Mentalidade da Boa Sorte se constroem baseados no amor e na verdade: em sua profunda honestidade consigo mesmo, com os demais e com a vida.

17. A inveja é admiração disfarçada de frustração

a. Assim como acontece com a crítica, a comparação faz você se desviar do foco. Isso faz com que você perca a energia e o tempo que precisa para criar sua MBS. O problema é que sempre nos comparamos com os que estão acima, com aqueles que se encontram em uma situação melhor que a nossa, fazendo com que nos sintamos diminuídos em nossa autoestima e confiança.

b. O poeta francês Jules Romains estabelecia três níveis de consciência dependendo de onde colocamos nossa atenção:

1. Pessoas medíocres falam de outras pessoas.

2. Pessoas comuns falam de coisas.

3. Pessoas inteligentes falam de ideias.

c. Concentre-se sempre naquilo que pode controlar e faça as coisas da melhor maneira possível. Perder seu tempo e energia naquilo que é incontrolável fará com que se sinta esgotado. Focar naquilo que você deve fazer e pode melhorar o levará à excelência e à felicidade.

18. Pessoas comuns realizam coisas extraordinárias

a. O que faz com que uma pessoa realize coisas extraordinárias não é um coeficiente intelectual acima da média. Nem ter nascido em uma família com grandes recursos ou ter estudado em uma universidade de prestígio. Os verdadeiros fatores diferenciais são a Mentalidada Boa Sorte, a atitude que você mantém ao longo de sua trajetória e o que está disposto a investir em seu propósito. Isso é o que distingue as pessoas medíocres das fora de série.

b. Sua vida será o que você fizer dela a partir dos hábitos que for capaz de criar. Se prestar atenção nas pessoas que admira, seja no ambiente privado ou público, e se perguntar o que os torna grandes, irá perceber que são excelentes em seu desempenho pessoal e profissional. Verá que são amáveis, detalhistas, perseverantes, às vezes obcecados com a qualidade, que sabem escutar, que não desistem, que compartilham generosidade e bom humor, que espalham emoções positivas e que praticam a eficácia e a eficiência. Em resumo, perceberá que se destacam em uma série de habilidades concretas acima da média.

c. A conquista da grandeza se manifesta no pequeno, já que a excelência se alimenta dos detalhes. Por isso é tão importante dar o seu melhor aqui e agora, a cada instante, a cada passo, a cada gesto, a cada ligação, a cada visita, a cada encontro, a cada oferta, havendo crise ou não, independentemente do que aconteça.

19. Se você quer uma mão que te ajude, a encontrará no final do seu braço.

a. Para crescer e desenvolver sua MBS, um ingrediente básico é a sinceridade e a própria responsabilidade. Quando paramos de "sair pela tangente", e assumimos nossas responsabilidades, estaremos sendo pessoas produtivas.

b. *A sinceridade e a responsabilidade atraem vínculos de qualidade*, já que as pessoas honestas e responsáveis procuram seus semelhantes. A vaidade e o orgulho o afundarão, enquanto a sinceridade e a humildade geram riqueza e florescimento, revelando o melhor de cada pessoa.

c. Humildade e ação são duas palavras poderosíssimas. A humildade sempre te abrirá novos caminhos para aprender, permitirá que desfrute do altruísmo e absorva a sabedoria daqueles que servem como inspiração.

20. A sabedoria do estoicismo

a. O estoicismo é uma escola de pensamento cujos inícios se situam no século III a.C. Até hoje nos oferece uma praticidade inusitada para viver sem angústias dentro da incerteza, mais de dois milênios depois.

b. Os estoicos, entre os quais temos os romanos Sêneca e Marco Aurélio, assim como o greco-latino Epiteto, divulgavam que a base do equilíbrio pessoal está em *saber separar as coisas que estão sob nosso controle daquelas que não estão*. Os estoicos afirmavam que *o que perturba o ser humano não são os fatos, mas a interpretação que se faz dos fatos.* E não se trata de eliminar ou suprimir estas emoções, mas de confrontar os fatos com serenidade, assim como os pensamentos que nos incomodam.

c. Cuidar daquilo que depende de nós e não nos deixarmos levar pelos impulsos e as emoções é uma sábia e estoica maneira de viver. Se você se dedicar de verdade e com rigor, isso te levará a ser uma verdadeira ou um verdadeiro criador da Boa Sorte.

21. Não se afaste das pessoas negativas... fuja delas na velocidade da luz!

a. Ao iniciar um projeto, um sonho ou uma mudança pessoal, é necessário evitar os agentes de destruição massiva de sonhos. Eu me refiro àquelas pessoas que semeiam dúvidas em você por medo ou inveja, que retardam seu processo por sua própria preguiça e cinismo, e boicotam você com sua negatividade constante. O vitimismo e a imobilidade de outros nos reprimem, já que podemos nos contagiar pela sua forma de ser. Os pessimistas, além de não nos incentivarem, nos mantêm atados a lugares – física e emocionalmente – onde não queremos mais estar.

b. As personalidades negativas monopolizam a energia, sem estar conscientes do impacto negativo que isso causa nas pessoas próximas. Vivem imersas no conflito, na reclamação e no desconforto, carregando uma fonte contínua de estresse, ansiedade, angústia e tristeza. Muitas vezes se trata de uma questão de perspectiva de vida, não de maldade. Mesmo assim, causam estragos nas pessoas que a cercam.

c. *Um "Não" para quem te diminui é um "Sim" para a expansão da sua própria vida.* Não me cansarei de repetir a fórmula matemática que diz que menos com menos dá mais: (- x - = +) A multiplicação de dois números de sinal negativo dá origem a um número positivo, ou simplesmente: *quando você diminui aquilo que te diminui, você cresce.*

22. O princípio de Maya Angelou

a. Marguerite Annie Johnson, conhecida pelo apelido carinhoso que recebeu de seu irmão, Maya, deixou uma marca indestrutível e maravilhosa em várias gerações. Apesar de não ter nenhum diploma universitário e ter sofrido abusos sexuais quando era criança – algo que lhe causaria um trauma de mutismo seletivo durante cinco anos –, essa mulher foi pioneira em muitas áreas.

b. Apesar de seu trauma, serviu como um exemplo de resiliência: foi atriz, poeta, motorista de ônibus e ativista, entre várias outras coisas. Entre suas percepções, resgatamos um princípio transformador para criar sua Mentalidade da Boa Sorte: "As pessoas podem não lembrar exatamente o que você fez, ou o que você disse, mas elas sempre lembrarão como você as fez sentir".

c. Suas impressões emocionais são o legado que você deixa aos demais. O pensamento leva à conclusão, mas o sentimento é o trampolim rumo à ação. E se você causa emoções, sentimentos e estados de ânimo positivos nos demais, as pessoas, além de não te esquecerem, desejarão tê-lo por perto porque será fonte de inspiração e propósito.

23. O preconceito debilita, a coragem fortalece

a. A palavra preconceito, pré-conceito, já diz tudo: é julgar antes de conhecer aquilo que julgamos. Isso se aplica à nossa visão do mundo, dos demais e de nós mesmos. Os preconceitos e as crenças que temos sobre nós mesmos, sobre os demais ou sobre a vida podem ser um verdadeiro fardo ao longo da vida. Destroem encontros que poderiam ser oportunos, aprendizados necessários e experiências reveladoras.

b. As crenças nos definem e podem ser mordaças para a mudança. Por esse motivo, *não vivemos à altura das nossas capacidades, mas de nossas crenças.*

c. Contra essa classe de fardo mental que condiciona nossa vida, existem dois ingredientes básicos: *consciência e coragem*. Consciência para percebermos as mentiras que estamos contando a nós mesmos. Coragem para começar a viver de um modo diferente.

24. Ninguém sabe melhor da sua vida do que você

a. Se você presumir que a capacidade de ouvir ativamente caracteriza pessoas nutritivas, isso também inclui ouvir ativamente a si mesmo, para nutrir-se e descobrir todos os recursos pessoais de que você dispõe.

b. Se para aconselhar a outros você se informa, pergunta como se sentem, o que os está incomodando, o que aconteceu, como tomam suas decisões e então os ajuda a encontrar soluções, por que você não aplica a si mesmo as bondades desse processo para obter um bom conselho a seu favor? Para isso, de vez em quando é muito bom que você se sente para refletir, recorra à escrita e faça um inventário das opções e soluções ao seu alcance. Não se esqueça que escrever, fixar e visualizar os pensamentos e as emoções subjacentes é poderosamente terapêutico.

c. Na arte e na vida, a inspiração de onde nasce a ação se chama introspecção. O que parece um trocadilho tem sido ao longo da história o lema das pessoas que mudaram paradigmas. O isolamento positivo faz parte do processo criativo. Dedique-se tempo de qualidade.

25. Destranque as fechaduras da sua liberdade vital

Muitos anos após publicar *A Boa Sorte*, com meu querido amigo Fernando Trías de Bes, escrevemos o livro *Las siete llaves* para indagar sobre o que entendemos por liberdade na vida e como conquistá-la. Sem o cultivo da sua liberdade vital, a felicidade e o bem-estar psicológico não são possíveis. Se você quer se libertar da cela para começar a viver uma vida genuína e de sucesso, pode fazer uso de sete chaves existenciais que Fernando e eu identificamos:

- **A chave do pensamento.** É a que controla a entrada e a saída em sua vida de falsas crenças que te amordaçam. *Você cria baseado naquilo que acredita.*

- **A chave do julgamento.** Ela te alerta quando uma regra viola a sua dignidade e você precisa ser valente para não se deixar enganar. Significa *alinhar pensamento, palavra e ação, assim como estabelecer limites para resguardar seu bem-estar.*

- **A chave da realização.** Esta chave te traz informação e formação para combater esse medo, poder planejar e se arriscar para conquistar sua transformação vital.

- **A chave do prazer.** É a chave que nos liberta de culpas que não são nossas, mas que acreditamos que eram. Graças a ela, você aprende que não se pode passar a vida carregando pesos nas costas que não são seus.

- **A chave da entrega.** Se refere ao *ato libertador de dizer "não". Sua entrega na vida deve ser livre* e não pode ser condicionada pelas manipulações emocionais de outros.

- **A chave da identidade.** Sua personalidade não tem por que se moldar àquilo que os demais esperam, é você quem decide como deve se definir, melhorar e viver.

- **A chave do ser.** Diante de uma obrigação que outros te impõem e que te desorienta, condiciona e limita *(não faça, não diga, não seja, não pense, não realize, não exista, não se permita...),* você pode recuperar sua essência renunciando à imposição alheia e dando a si mesmo permissão que anule essas obrigações *(posso fazer, posso dizer, posso ser, posso pensar, posso conquistar, posso existir, posso me permitir...).*

26. O método Kaizen

a. A filosofia do Kaizen (melhoria contínua) lembra-nos que um aumento diário de 1% implica um progresso de 100% em menos de três meses. Aliás, por se tratar de um trabalho cumulativo, se melhorar diariamente 1% em relação ao dia anterior, alcançará através do crescimento sustentado o 100% de progresso em apenas setenta dias porque os progressos vão se acumulando uns sobre os outros.

b. É vital entender que os hábitos são as sementes da transformação. Deste modo, até as mudanças mais modestas, com uma abordagem Kaizen, podem alcançar resultados extraordinários.

c. Introduzir um bom hábito e mantê-lo repercute na melhoria contínua, em oposição à atual cultura do imediatismo, que não nos leva a nenhum lugar. São seus hábitos e sua melhoria contínua que criam o seu destino.

27. Você pode aprender tanto com seus erros que quando tropeçar, em vez de cair, você irá voar.

a. Buda conclui após anos de meditação: "A dor é inevitável, o sofrimento é opcional". Se entendermos o sofrimento como a recreação mental da dor, podemos acabar eternizando ambos. É muito importante não sermos viciados em sofrimento, já que ele nos impede de levantar a cabeça e nos mantém na posição de vítima permanentemente.

b. *Algumas vezes se ganha e outras se aprende.* Cada erro com o qual você aprende ativará sua alquimia interior. Aprender a cair para tentar novamente. Grandes homens e mulheres alcançaram o sucesso após fracassar várias vezes.

c. Como já vimos, errar é o caminho para descartar opções que não servem e depois alcançar novos patamares. Cada aprendizado a partir da dor e cada renúncia ao sofrimento é uma pena poderosa nas asas da sua alma.

28. Você é a causa da sua Boa Sorte

a. Sêneca, o sábio filósofo estoico, manifestou que a boa sorte é o ponto de convergência entre preparação e oportunidade. Desse modo, quando sua preparação e oportunidade convergem, você está em condições de criar sua Boa Sorte.

b. Você não pode controlar o destino, mas pode se preparar para moldá-lo segundo suas expectativas. Vamos compreender isso a partir do raciocínio a seguir. *O acaso é inversamente proporcional à preparação. Curiosamente, se a sua preparação for zero, qualquer número dividido por zero é matematicamente igual ao infinito. Então, sem preparação na vida, o acaso é infinito. Porém, quanto maior for a sua preparação, mais você diminui o acaso. Quanto mais preparação, menos acaso em qualquer modalidade vital.*

c. Portanto, isso nos leva à seguinte conclusão: você é a causa da sua Boa Sorte e só depende de você criar as circunstâncias para que os trevos de quatro folhas floresçam em todas as dimensões de sua vida. Além disso, também depende de você fazer uma leitura favorável ou desfavorável a cada circunstância que vivencia. Lembre-se de que é o seu olhar que cria o mundo.

29. Comece a criar suas circunstâncias agora mesmo

a. O escritor Victor Hugo, em uma tentativa de captar a essência do futuro, o definiu da seguinte forma: "O futuro tem muitos nomes. Para os fracos, é inalcançável. Para os temerosos, o desconhecido. Para os valentes, é a oportunidade".

b. Quando você entende isso, mais cedo ou mais tarde, surge um *momento heroico: uma decisão que dura um segundo e que pode mudar o resto da sua vida.* No fundo, você sabe que é o momento certo para deixar o medo de lado, porque *o que separa você da vida que tanto deseja é esse temor.*

c. A paz te espera quando você decidir superar seus medos. E o melhor chegará se você decidir lutar por seus sonhos.

Sem dúvidas, você crescerá, aprenderá. A oportunidade se apresenta quando você sabe o que deseja alcançar.

30. Você é a menina ou o menino do seu futuro

a. A decisão mais importante que você pode tomar é a de quem quer ser e o que quer conquistar na vida. É fundamental questionar se você pretende viver não como pensa que é, mas como acredita que pode se tornar na plenitude do seu potencial transformado em realidade.

b. Quando você admite que pode mudar, avançar e transformar seus desejos em realidades a partir da sua maneira única de ser e de ver e criar a vida, é necessário entregar tudo para o presente, já que está aqui para torná-lo seu. Quando você vive a vida desta maneira, qualquer momento e lugar são perfeitos, é o adequado, e você sente que está onde deve estar porque o que define a qualidade da experiência é a qualidade de sua consciência, presença, gratidão e abertura interior.

c. Você decide melhorar um pouco a cada dia? Você decide aplicar a sua MBS e criar circunstâncias que te levam a um crescimento exponencial a médio e a longo prazo nos aspectos de sua vida que deseja melhorar? Você decide acrescentar a quarta folha ao seu trevo da Boa Sorte?

32. MAIS UM PRESENTE E SIGAMOS EM FRENTE!

Esse é apenas o começo do seu processo de crescimento e transformação.

Além de todos os conteúdos que você leu e os aprendizados que extraiu do livro, eu recomendo que acesse os recursos *on-line*[5] e faça o teste final para constatar se você incorporou todos os conceitos.

Você pode encontrar o teste e essas trinta lições extras em formato de vídeo, áudio, mantras, aulas, exercícios e meditações através deste código QR ou na página:

mentalidadbuenasuerte.com/recursos.

Espero que o que você aprenda com este conteúdo adicional estimule ainda mais e melhor sua Mentalidade da Boa Sorte.

Espero você!
Tudo de bom para você, sua família e...
Sigamos em frente!

Álex Rovira Celma
www.alexroviraescuela.com
soyalex@alexrovira.com

Recurso extra disponível em espanhol!

---

[5] O material *on-line* é de responsabilidade do autor e está disponível no idioma original da obra.

AGRADECIMENTOS

Agradeço à Ana Trenza, minha grande amiga e sócia. Porque sem você o maravilhoso projeto da Escola Humanista e este livro não existiriam. Obrigado pelo apoio e por estimular a Escola dia a dia com entrega, paixão e determinação.

Agradeço a Javi Pastor, meu grande amigo e sócio. Porque graças ao seu empenho e profissionalismo conseguimos levar a Escola Humanista a tantas pessoas ao redor do mundo que admiram e valorizam o trabalho de nossa equipe.

Leia também

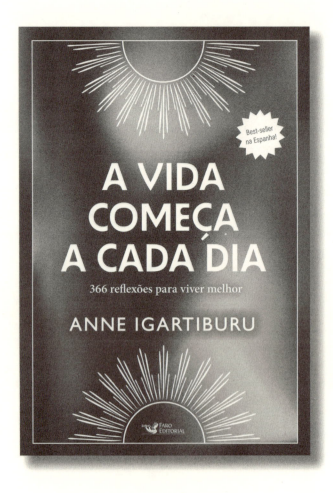

ASSINE NOSSA NEWSLETTER E RECEBA
INFORMAÇÕES DE TODOS OS LANÇAMENTOS

www.faroeditorial.com.br

Campanha

Há um grande número de pessoas vivendo com HIV e hepatites virais que não se trata. Gratuito e sigiloso, fazer o teste de HIV e hepatite é mais rápido do que ler um livro.

Faça o teste. Não fique na dúvida!

ESTA OBRA FOI IMPRESSA
EM MAIO DE 2024